KB121807

리페어 컬처

○ ○ ○

리페어 컬처

쓰고 버리는 시대,
잃어버린 것들을 회복하는 삶

볼프강 M. 헤클
조연주 옮김

 양철북

○

리페어 컬처를
옹호하며

"행복은 작은 것들에 관심을 기울일 때 생겨난다."
— 빌헬름 부시Wilhelm Busch

"내 모자가 없어졌어!" 노라가 분주하게 두리번거린다. 뮌헨의 베스트엔드 지역, 작은 카페와 오픈 공방, 상점을 겸한 가게인 HUIJ에 있는 사람이라면 누구나 그녀가 얼마나 속상할지 금세 이해할 수 있다. 무엇보다 속상한 것은, 잃어버린 모자가 고급 부티크에서 산 값비싼 디자이너 브랜드의 제품이라서가 아니라 그녀가 직접 짠 것이기 때문이다. 세상에서 단 하나뿐인 모자, 그것도 처음으로 직접 만든 것이었다. 당장이라도 다들 일어나 가게 주변 곳곳을 수

색할 듯한 태세다. 잃어버린 줄 알았던 모자는 뒷마당, 자전거를 세워두는 곳 근처에서 발견된다. 얼마나 다행인지.

이제 이 공방에서 '헌 옷 꾸미기' 강좌가 시작된다. 기다란 나무 탁자 주변으로 둘러앉은 다양한 나이대 여성 일곱 명이 각자 티셔츠나 치마, 스웨터를 꺼낸다. 한때는 무척 좋아했지만 이제는 질리도록 보아온, 너무 자주 입고 다녀 어딘가 지겨워진 옷들이다. 사람들이 좋아했던 옷가지들이 흔히 겪는 운명이다. 그전이라면 수강생들은 이런 옷들은 쓰레기통에 버리고 새 옷을 장만했을 것이다. "정말 바보 같았어요. 사실 낡은 것은 전혀 아니었거든요. 다만 좀 싫증이 났던 거죠. 하지만 저 혼자였다면 패치워크를 하거나 가장자리를 손봐 새롭게 꾸밀 생각은 못 했을 거예요." 스타일을 더한 지속가능성은 이제 그녀들의 슬로건이 되었다.

늘어놓은 옷가지들 옆으로는 여러 색깔의 낡은 수건들, 아름다운 조각 천들, 장식용 끈과 반짝이 따위가 놓여 있다. 한쪽 구석에 놓여 있는 싱거Singer 재봉틀* 한 대면 충분하다. 쓰레기통에 던져지지 않고 살아남은 옷가지들은 디자이너이자 HUIJ를 만든 창립 멤버 가운데 한 사람인 안야 슈피글러Anja Spiegler의 수업을 통해 매력적인 물건으로 다시 태어날 것이다. 흰색 티셔츠의 어깨엔 아주 강렬한 오렌지색 테리 천을, 해진 천가방엔 밝은 녹색 벨벳을 새로 덧대고, 치맛단엔 양모 털실로 직접 코바느질해서 만든 술을 달아 멋지게 꾸민다. 수작업을 거친 이 옷들은 훨씬 더 근사해 보인다.

'직접 작업하는 공간Haus der Eigenarbeit'인 HEi에서는 수제 직조의 장인인 발트라우트 뮌츠그루버Waltraud Münz-gruber 씨가 버리는 물건들을 창의적으로 탈바꿈시켜 업사이클링 하는 방법을 보여준다. 업사이클링은 쓸모없다고 여겨지는 물건들에 완전히 새로운 의미를 부여하고 가치를 높이는 작업으로, 그다지 품이 드는 일도 아니다. 마르셀과 에스터 역시 이러한 업사이클러Upcycler인데, 아직은 많이 미숙해서 찢어진 타이어나 망가진 의자나 가방 같은 것으로 뭔가를 만드는 정도다. 뮌헨 하이트하우젠 지역의 이 DIY 센터에서는 누구나 이런 업사이클링 기술을 배울수 있다. 비닐이나 고무 제품을 엮어서 새로운 것을 만드는 이런 기술은 특히 많은 사람들이 배우고 싶어 한다.

몇 년 전만 해도 중고라면 다들 시큰둥해했으나, 지금은 많은 사람들이 관심을 보이고 있다. 직접 옷가지를 수선하고 업사이클링 하는 작업으로 시작된 이러한 트렌드는

---

* 1851년에 설립된 미국의 재봉틀 브랜드.

이제 라디오나 믹서, 그 외에 다른 주방기구들을 고쳐 쓰는 움직임으로까지 이어지고 있다. 이러한 움직임은 네덜란드에서부터 시작되었다. 더 정확히는 암스테르담의 한 '리페어 카페'가 그 원조다. 2009년 10월에 처음 문을 연 이 카페는 기자 출신인 마르티네 포스트마Martine Postma가 만든 곳으로, 토스터나 커피머신조차 수리해서 쓰기 어려운 오늘날의 과소비 사회, 쓰고 버리는 사회에 저항하려는 뜻에서 시작했다. 이 카페가 만들어지는 데 영향을 준 것은 네덜란드 디자이너들이 쓴 '리페어 선언Repair Manifesto'이었다. 이 선언에는 '기술의 노예'가 되어서는 안 되며, '기술을 제대로 부릴 수 있어야 한다'는 호소가 담겨 있었다. 그러므로 리페어 카페란 고장 난 기계에 다시 생명을 불어넣는 재주꾼들만이 아니라, 큰돈이 드는 애프터서비스가 부담스러운 사람들을 위한 곳이기도 하다. 이것은 지구상의 유한한 자원과 이를 낭비하는 우리의 태도에 대한 새로운 생각을 널리 알리는 운동의 출발점이며, 이는 곧 우리를 게으른 소비자로 이끌기 위해 애쓰는 산업에 대항하는 운동이다.

　　리페어 컬처는 오래되었지만 네덜란드의 이 리페어 운동 덕분에 고쳐 쓰기는 하나의 문화 비판적 자세로, 또한 점점 늘어나는 쓰레기 더미에 대한 적극적인 항의의 움직임으로 자리 잡고 있다(쓰레기산은 제3세계에서 특히 늘어나고 있는데, 서구의 전자 폐기물들을 이곳으로 실어 나르기 때문이다). 리사이클링을 더 확대해나가기 위해 새로운 기술을 개발해야 한다는 목소리 역시 높아지고 있다.

이러한 움직임들이 점차 활발해지면서, 처음 카페가 생긴 뒤 4년 만에 네덜란드에는 50여 개의 리페어 카페가 생겨났고, 이 아이디어는 온라인을 통해 벨기에, 프랑스, 미국, 그리고 독일에까지 퍼져나갔다. 독일 쾰른에 최초로 리페어 카페가 생겼고, 뒤이어 함부르크, 뒤셀도르프, 뮌헨 등 다른 많은 도시에서도 문을 열었다.

이곳 독일의 오픈 공방에서는 단순히 돌리고 조이고 땜질하는 작업만 이루어지는 것이 아니다. 고장 난 물건들을 어떻게 고칠까 하는 것만 고민하는 게 아니라는 말이다. 이곳에서는 요즘 사람들은 잘 모르는 뜨개질이나 재봉질 같은 여러 수작업 기술들을 가르친다. 학교에서 공예나 기술 수업이 없어진 지는 이미 오래고, 부모들도 이제 지하실에 작업실을 두지 않는다. 할머니 댁 다락방에나 올라가야 겨우 재봉틀을 볼 수 있는 정도다.

수리하고 수선하는 것은 손으로 직접 물건을 만드는 것보다 더 포괄적인 의미를 지닌다—'제 손으로 직접 만든 제품'의 스펙트럼이 매우 넓은 것이다. 요컨대, 단지 행동하자는 정도의 의미에 국한되어 있지 않다. 카페-작업실은 스스로 작업할 수 있도록 도와주는 데 그치지 않는다. 이곳은 깊이 몰두할 수 있게 하는 공간, 긴장을 늦추고 창의적으로 생각하고 행동할 것을 우위에 두도록 독려하는 공간이다. 또한 이곳은 각자의 거주지역과 연결되어 있어서 이웃과 협업할 수 있는 하나의 모델을 제시하고, 단결심을 일깨우고, 세대를 연결해준다.

HUIJ에는 아이들을 위한 강좌나 특정 연령대 여성들을 위한 모자 뜨기 혹은 실크스크린 프린트 강좌는 없다. 기껏해야 '왕초보'를 위한 수업 정도가 있을 뿐, 엄격한 구분이나 나이 제한이 없다. 지역 양로원에 다른 일로 연락했더니 한 노부인이 회화를 가르쳐보겠다는 의사를 전해오기도 하고, '잼 만들기' 혹은 '비누 만들기' 같은 프로젝트를 제안하는 사람도 있다.

'누구나 무엇이든 할 수 있으며, 아무것도 할 수 없는 사람은 없다. 우리는 무엇이든 배울 수 있다'는 HUIJ의 모토에 따라 프로그램은 언제든지 새롭게 만들어진다. 정기적으로 HUIJ에서 모임을 갖는 도시양봉업자들은 베란다에서 서양갓냉이나 다른 채소를 키우면서 '자급자족'까지 주제를 더 확장시켜보기도 했다. 벼룩시장에 대한 아이디어도 나왔는데, 누구든 직접 만든 물건을 가져다 놓고 대신 다른 물건을 가져가는 것이다. 단순 교환이 아니라 매매도 가능해서, 시리즈로 프린트된 셔츠나 가방, 직접 짠 모자를 판매용으로 내놓을 수도 있다. 누구라도 제 물건이 이 벼룩시장에 어울리는지 가져와서 선보일 수 있다.

뮌헨 노이하우젠에 자리를 잡은 'FabLab' 역시 HUIJ처럼 직접 무언가를 만들고 지식을 교환하고 창의적인 활동을 하는 것을 중요하게 생각하는데, 이곳은 특히 오픈 '하이테크 공방'으로 더 특화되어 있다. FabLab은 '최신 기술의 민주화와 탈신화화', 즉 다양한 전문 분야의 네트워크화를 지향한다. 이곳에 모인 정보처리 전문가, 기계 제작자, 엔지니어, 예술가, 디자이너, 수공업자 그리고 교육학자 들은 스스로를 특히 학생들과 청소년들의 교육을 돕는 아이디어 제공자라고 여긴다. 하지만 원칙적으로는 레이저 커터, CNC-밀링머신 또는 3차원 프린터 같은 최첨단 기계에 관심이 있는 누구라도 환영이다. 기술 세계에 아무 준비 없이 내던져지지 않고 이를 더 잘 이해하기 위해 기술적인 프로토타입을 만들고 싶어 하는 사람들 말이다.

마지막으로 함부르크 북부, 제작자들의 공간인 아트락토어Attraktor는 괴짜 공학박사나 리페어 운동 조직 안에서도 손꼽히는 재주꾼들이 모이는 곳이다. 목재나 금속 작업, 전자기기나 소프트웨어 개발에 이르기까지 이들은 모르는 게 없다. 진정한 발명가 정신을 발휘할 수 있는 제대로 된 작업실이 필요한 이들에게 아트락토어는 작업대부터 밀링머신까지 모든 것을 제공한다. 물론 이곳에서 제작만 하는 것은 아니다. 외장을 칠하는 방법을 보여주기도 하고, (모형비행기 안전사용 허가서가 있는 경우라면) 네 개의 회전날개가 달린 헬리콥터인 쿼드로콥터를 날리기도 한다.

외골수들에게는 언제라도 교류할 수 있는 네트워크가 필요하기 때문에 정해진 요일이나 특정한 시간, 퇴근 후에는 언제나 모임이 열린다. 이 모임에는 여성이 없는데, 아트락토어에 모인 괴짜들은 그럼에도 재봉틀이 두 대나 있다고 강조하기도 한다. "우리는 천도 다룰 줄 안다고!" 실제로 이들은 아주 멋진 천가방을 만들었다. 이 모임에선 토론 역시 활발하게 이루어졌다. 예를 들어 망 중립성Network Neutrality* 같은 주제나 미국의 발명가이자 미래학자인 동시에 구글의 엔지니어링 책임자인 레이 커즈와일Ray Kurzweil과 그의 아이디어를 두고 멋진 논쟁을 벌이는 것이다.

수리·수선과 관련해서 이런 다양한 장면들이 나타나기 시작한 것은 비교적 최근의 일이다. HUIJ의 노라와 안야는 이 일에 어떤 확신을 가지고 있고, 나 역시 다르지 않다. 수리·수선은 창의적이고 독창적이며, 몹시 의미 있는 여가활동이다. 내 첫 수리 작업은 엉망이 되어버리고 말았지만.

　다섯 살 때쯤, 부모님이 집을 비우신 틈을 타 나는 작은 라디오를 고치기로 마음먹었다. 당시 우리 집에 한 대뿐이었던, 가족 모두가 함께 쓰는 라디오였다. 사실 라디오는 아무 문제가 없었지만, 나는 라디오를 고쳐야 한다고, 적어도 그 속을 더 자세히 들여다보아야 한다고 생각했다. 그러면 그 라디오의 비밀에 대해, 그 기능에 대해 뭔가 더 알 수 있을 것 같았다. 나는 어디서 들은 대로 일단 플러그를 뽑은 후, 드라이버를 집어 들고 라디오를 분해하기 시작했다. 드라이버는 아버지의 작은 작업실에서 가져온 것이었다. 아버지는 뭐든 직접 만드는 걸 좋아해서, 서랍장을 만들기도 했고 망가진 물건이 있으면 늘 직접 고치곤 했다. 물론 늘 성공했던 것은 아니다. 나는 아버지의 뒤를 따르고 있었다. 라디오 수리는 실패했고, 라디오 내부가 하나의 스피커로 이루어져 있음을 겨우 확인할 수 있었을 뿐이다. 스피커에는 자석이 하나 붙어 있었는데, 그 자석이 쇠붙이, 그러

---

*　통신망 제공 사업자는 모든 콘텐츠를 동등하고 차별 없이 다뤄야 한다는 원칙. 망을 보유하지 않은 사업자도 같은 조건으로 망을 이용할 수 있어야 한다.

니까 못 같은 것을 끌어당기는 것을 보고 깜짝 놀랐다. 어쨌거나 라디오를 다시 조립할 수 없었고, 남은 것은 부모님의 불호령뿐이라고 생각했다. 하지만 두 분은 전혀 달리 말씀하셨다. "뭐든 호기심을 가지고 알고 싶어 하는 아이는 나중에 뭐가 되도 된단다."

뭐든 만지고 고치는 사람이 그 사물과 씨름하며 세상을 이해해나간다는 것은 곧 '자기와 세계 사이의 상호작용'이라는 빌헬름 폰 훔볼트Wilhelm von Humboldt*의 교육이념과 맞닿아 있다. 그런 측면에서 수리·수선은 교육적으로도 필요하다. 하지만 훔볼트의 프로그램과는 다르게, 나는 단지 지식을 쌓는 것만이 교육이라고 생각하지 않는다. 학습은 실용적으로, 특히 손을 직접 움직여 이루어질 때 가장 큰 효과를 나타낸다. 최근의 뇌과학과 학습 능력 연구 결과들이 이를 잘 보여준다. (독일어에서) '이해하다Versthen'라는 단어와 비슷한 '파악하다begreifen'라는 단어가 사물을 직접 만지거나 다룰 때 쓰이는 것** 역시 같은 이유일 것이다.

직접 무언가를 고치는 일은 의미 있는 활동이다. 그것은 지속성을 경험하게 하고, 책임감을 느끼게 해주며, 나를 둘러싸고 있는 사물들과 나를 의미 있게 연결해준다. 동시에 사물을 정확하게 바라보고 경험하고 발견해내도록 유도한다. 수리·수선은 사물의 기능을 더 잘 이해할 수 있게 해줌으로써, 각 부품이나 기기들을 생각해내고 만들어낸 이들을 더 높이 평가하게 해준다. 또한 뭔가를 고치거나 만들어낼 수 있는 사람들은 일종의 자율성을 얻게 된다. 타인에게 의지하지 않고 뭔가를 고치며 다른 이를 도와주는 경험은, 우리에게 그 어떤 것보다 큰 해방감을 안겨준다. 무슨 물건이든 직접 다룰 수 있다는 사실은 자기 확신을 강화시켜준다. 할 수 있는 것이 많아질수록 의욕이 커지고, 더 할 수 있는 일이 무엇이 있을지 호기심을 가지고 주변을 살피게 된다. 그 옛날 훌륭한 발명가들이 남달랐던 점이 바로 이것이다. 그들은 무슨 물건이든 가만히 내버려 두지 않고, 끊임없이 그 비밀을 파고들었으며, 수리라도 하게 되면 몹시 즐거워했다. 제 손으로 직접 한 어떤 작업이 성공하면 우리는 행복감과 함께 믿기 어려울 정도의 만족감을 얻게 된다. 그전에는 불가능하다고 생각했던 어떤 일을 성공적으로 마쳤을 때, 등줄기를 타고 흐르는 그 짜릿한 쾌감을

---

* 1767~1835, 독일의 철학자, 교육학자, 정치가. 베를린 대학의 공동 설립자.
** begreifen은 '이해하다' '파악하다'라는 뜻 외에 '잡다' '쥐다'라는 뜻도 가지고 있다.

누가 모르겠는가! 아이들의 경우 특히 창의적인 놀이를 할 때 비슷한 경험을 하는 것을 관찰할 수 있다.

하버드 대학교 심리학과의 대니얼 길버트Daniel Gilbert 교수를 비롯한 행복 연구가들이 발표한 한 연구 결과에 따르면, 행복해지기 위해서는 몇 가지 중요한 규칙들이 있다고 한다. 타인을 돕는 것과 작은 것들을 소중하게 여기는 것, 그리고 불필요한 소비재를 사지 않는 것 등이다. 즉흥적인 구매는 우리의 심장박동을 잠시 빠르게 할 뿐, 금세 익숙해지고 만다. 돈으로 산 경험은 그만큼 빨리 기억에서 사라져버린다.

리페어 컬처는 점점 더 커져가는 세대 간의 간극을 메우는 데에도 기여한다. 독일에는 더는 그 가치를 인정받지 못하고 쓰이지 않아 능력을 발휘하지 못하는 사람들이 많다. 귄터 야우흐Günther Jauch 같은 방송인이 2사이클 엔진에 대해 잘 알고 있는 전문가를 자신의 토크쇼에 초대한다면 어떨까? 안타깝게도 그런 일은 없었고, 앞으로도 그럴 것 같지는 않다. 그럼에도 이미 변하고 있는 것이 있는데, 지속가능성이 어떤 것인지를 보여줄 본보기가 필요하다는 인식이 생겼다는 점이다. 천연자원이 급격하게 줄어들고 있는 현실을 고려할 때, 앞으로는 뭔가를 고칠 능력이 있는 사람들이 그 어느 때보다 필요하게 될 것이다. 그 사람들

가운데 대가 없이 일해주시는 분들이나 할머니 할아버지, 숨은 전문가들 또한 있을 것이다.

리페어 운동으로 지금보다 훨씬 더 많은 네트워크가 만들어질 것이며, 뭔가를 만들고 고치려는 젊은이들은 그 네트워크 안에서 나이 많은 전문가들을 만날 수 있을 것이다.

인구통계학적으로 큰 변화가 일어나는 현재, 세대 간의 통합은 반드시 이루어져야 한다. 새로운 리페어 컬처는 유한한 천연자원 때문에라도 꼭 필요하다. 이것은 에너지와 환경, 원자재 공급이 사회적 논의의 가장 중요한 주제가 된 이유이기도 하다. 어떤 제품 생산에 들어가는 거의 모든 천연물질과 합성물질이 재활용되는 순환경제가 필요한 것이다. 이런 순환경제가 자리 잡게 하기 위해서, 또 미래의 복지를 위해서라도 자연과학과 과학기술 분야의 발명가 정신이 필요하며, 가격이 더 비싸더라도 오래 쓸 수 있는 제품을 소비하는 똑똑한 소비자들이 있어야 한다.

자유시장경제 속에서, 쓰고 버리는 사회에서 벗어나게 할 이들은 다른 누구도 아닌 우리 소비자들이다. 어떤 제품을 대할 때든 우리의 자원을 소중히 여기는 마음을 가지면 된다. 또한 제품에 원료와 원산지, 에너지 소비 효율 등급과 친환경 여부를 제도적으로 명시하고, 더 자세한

내용은 제조업체 홈페이지에서 확인할 수 있게 요구해야
한다.

물론 쉬운 일은 아니다. 제품마다 재료와 판매가격,
사용기한, 수선 및 재활용의 가능 여부가 모두 다르기 때문
이다. 그러나 이를 위해 애써야 마땅하다. 각자 자신의 소
비 행동을 돌아보고 더 의식 있는 소비를 함으로써 우리는
새로운 문화를 형성하는 데 이바지할 수 있다.

세계화와 국내 생산 간의 균형을 잘 맞추는 것은 훌륭
한 경제모델 가운데 하나일 것이다. 국제무역이 부를 가
져오고 또 여러 이유에서 중요하다는 것은 말할 필요도 없
다. 그러나 다른 한편 지역성을 고려하는 것이야말로 자원
을 아끼는 원칙이다. 예를 들면 북해에서 잡은 게를 모로코
에서 살을 발라내 다시 비싼 냉장·냉동시설을 갖춘 비행기
나 화물차로 수천 킬로미터를 운반한 뒤에야 소비자들에
게 전해지는 것을 피할 수 있다.

이 책은 리페어 컬처의 각각의 측면을 여러 장에 걸쳐
설명하고 있다. 이것이 전 지구적 차원의 지속가능성이라
는 퍼즐의 아주 작지만 중요한 한 부분임은 확실하다. 새로
운 경제정책 모색과 기술혁신에 우리의 미래가 달려 있다.
장래 이 지구를 책임질 청년들의 문제해결 능력과 지성도
이에 기여해야 할 것이다.

나는 이 세상의 구원자가 되려는 것이 아니다. 그보다는 결정적인 한 측면을 고민하고 논의해보자는 것이다. 자원을 소중히 여기자는 내 생각은 역사적으로 전혀 새롭지 않다. 이는 여러 세대에 걸쳐 내려온 생각이며, 또한 실천되어왔다. 예를 들어 뮌헨에는 이미 언급한 활동들 외에 또 다른 움직임도 있었다. 오래전부터 폐기물 처리업체에서 발간해온 한 팸플릿에는 온갖 종류의 수선 서비스를 제공하는 전문점 주소들이 천 개 가까이 정리되어 있다. 이 팸플릿의 목적은 소비자들에게—어쩌면 이미 여러 세대 전부터 시내 구석구석에 자리 잡고 있었을—수리 전문점을 다시 환기할 뿐 아니라, 물건을 수리하고 만드는 일에 흥미를 불러일으키려는 것이다. 다 쓴 물건들을 내다 버리기 전에 우리는 이를 고쳐 쓸지 벼룩시장에 내놓을지 고민해야 한다. 그것이 우리의 자원을 아끼는 태도이며, 이런 태도가 우리를 더 행복한 사람으로 만들어줄 것이다.

○
수리·수선,
자연의 플랜

자기조직화의 원칙

수리·수선이 곧 고도로 튜닝된 과소비 사회, 쓰고 버리는 사회에서 벗어나는 자연스러운 출구라는 것을 이해하려면, 이 원칙이 인간이 만들어낸 것이 아니라 아주 오래전 시간이 시작된 이래 자연에 내재되어 있던 것임을 확실히 할 필요가 있다. 수리·수선의 과정은 무생물계에서도 이미 일어나고 있지만 생물계에서 비로소 이 메커니즘의 모든 힘이 전개된다. 이 시스템 뒤에는 스스로 조직하고 또 치유하는 힘이 존재하며, 이것 없이 생명은 생겨나지 못하고 또 단 1초도 유지되지 못한다.

자연의 플랜으로서 수리·수선은 이대로 사물 세계에

그대로 적용되는 것은 물론 아니다. 냉각 기능에 이상이 생기자마자 내장된 수리 프로그램이 작동하는 자가수리 냉장고는 아직은 꿈같은 이야기다. 냉장고 속 내용물 역시 '수리'될 수 있다면 더욱 근사하겠지만. 신선한 우유 2리터가 부족하고, 마멀레이드 병이 비어 있으며, 치즈도 다 먹고 없을 때 작은 오류 메시지가 뜨고는 곧 냉장고의 각 칸이 다시 채워진다. 그런 세상이라면 다시는 고장 난 커피머신이나 탈수가 안 되는 세탁기 때문에 짜증 낼 일도 없을 것이다.

말도 안 되는 소리로 들리지만 '순수한' 자연에서 이는 아주 당연한 과정이다. 시스템이 손상되면 고쳐지고 재생된다. 상처가 낫는 것만 봐도 알 수 있다. 어딘가 다치면 우리는 스스로 자신을 고친다. 이것이 자기조직화의 법칙이며, 이는 무기물질의 세계에서 먼저 확인할 수 있다.

아주 놀라운 균질물질인 수정水晶은 성장한다. 수정을 구성하는 원자들이 물리학의 규칙에 따라 스스로 자신을 조직하기 때문이다. 이 물질은 처음에는 무질서하게 일종의 모액母液, 그러니까 토마스 만이《마魔의 산》에서 이미 서술한 바 있는 크리스털 용액 속에서, 이리저리 떠다니며 모든 삼차원의 공간에서 정확하게 같은 거리를 유지하며 세 방향에서 모두 주기적으로 제자리를 찾아 나간다. 우리를 둘러싼 자연 속에서 주로 결정질 형태로 존재하는 이 생명 없는 물질은 이렇게 '자기조직화'를 통해 구성되고, 우리에게 어떤 아름다움을 느끼게 해준다.

이 과정에서 오류가 생길 수도 있는데, 이러한 성장이 이루어지는 사이 각각의 원자가 제대로 도킹하지 못하고 거리 유지를 잘못해 제자리를 못 찾게 되는 경우가 있다. 모액 안에서 잘못된 원자, 잘못된 분자가 되어서는 이렇게 외치는 것이다. "도와주세요. 나 엉뚱한 데 들어왔어요!" 많은 경우, 이러한 오류는 정확하게 바로잡힌다. 그렇지 않다면 10^{23}개의 원자로 구성된 이 놀라운 수정 결정은 존재하지 못할 것이다(그렇다. 10을 23번이나 곱한, 상상조차 하기 힘든 엄청난 숫자다).

이때 이 자기조직화를 통해 오류가 제거되고 수리·수선이 이루어진다. 하나의 결정結晶이 계속해서 '제대로' 성장하려면 이를 구성하는 10^{21}개의 원자가 제 위치를 지키고 있어야만 한다. (특히 에너지 측면에서) 그렇지 않으면, 이 결정은 대부분 이를 '알아챈다.' 자연계에서는 에너지 최소의 원리에 따라 모든 일이 일어나므로 이러한 결정은 각각의 원자에게 더 유리한 위치가 있다는 사실을 '확인하게 해준다.'

에너지 최소의 원리는 자연계 상위의 법칙이다. 원자

들은 자신에게 딱 맞는 자리를 찾을 때까지, 모든 삼차원의 방향에서 그곳을 찾아간다. 오렌지들을 상자에 넣은 다음 상자를 흔들어주면 오렌지들은 시장에 진열된 것처럼 상자 속에 빽빽이 들어찬다. 이렇게 빈틈없이 자리 잡게 되는 것은 상자를 흔들어줌으로써, 에너지 측면에서 불리한 위치들을 바로잡아 더 질서 있는 상태로 만들어주기 때문이다. 조금씩 자라는 결정 속 원자 역시 이와 똑같이 생각해볼 수 있다. 액체 속에서 열운동을 하는 입자들 때문에 '지속적으로 흔들리고' 있는 것이다.

결정들이 제 위치를 '알아차리고' 약 38억 년 전 지구 표면에서 처음으로 질서 있는 구조로 생겨났기 때문에*(또한 질서는 생명 생성의 제1단계이므로), 영국의 화학자 그레이엄 케언스 스미스Graham Cairns-Smith는 '살아 있는 결정'이라고도 말했다. 하지만 여기까지는 나로서는 너무 멀리 나아간 것이리라. 원자의 구성은 물리학의 법칙이며, 결

---

* 지구는 45억 년 전에 형성된 후 뜨거운 화산 폭발과 같은 상태에서 오랜 시간 응축과 냉각기를 가졌으며 38억 년 전까지는 생물체가 존속할 수 없는 상태였다는 것이 기존 학설이다. 예전에는 이때부터를 지구의 지각이 생성된 지질시대로 정의했으나, 최근 지질시대 분류체계를 수정하면서 함께 고쳐졌다.

정은 지표에서 최초로 생명이 생성되기 시작한 어떤 틀이
며 생명 기원에 관한 여러 연구를 위한 중요한 전제다. 역
시 더 나아가진 않겠다.

돈을 벌며 대학을 다니느라 지멘스에서 일한 적이 있
다. 그때 내가 맡은 업무는 규소 결정을 배양하는 일이었
다. 그러니까 물리적인 과정을 이용해 결정 속에 아직 남아
있는 불필요한 오류 원자들, 이 '찌꺼기'들을 걸러내는 일
이었다. 배양할 때의 오류를 고쳐서 최종적으로 순수한 규
소 결정을 얻어내는 것이 관건이었다. 지멘스, 바커, 반도
체공업, 태양전지, 트랜지스터 할 것 없이 이렇게 불필요한
'찌꺼기' 원자를 제거한 뒤 이후 공정에서 이에 필요한 다
른 원자가 정해진 대로 결합함으로써 작동한다. 이것은 주
변의 조건을 변화시켜 자기조직화와 에너지 최소의 원리
가 정교하게 이루어지게 함으로써 가능해진다. 이는 각 물
질들이 가진 특정한 성질을 알맞게 재단하기 위한 과정이
다. 반도체전자공학을 비로소 가능하게 만들었던 반도체
결정(p형 반도체 혹은 n형 반도체)의 도핑*만 생각해보아
도 알 수 있다.

원하는 성질을 지닌 새로운 산물을 생산하는 데 전제
가 되는 모든 재료과학은 이렇게 물질의 구성에 대한 지식
을 이용하고 있다. 우리를 둘러싸고 있는 거의 모든 자연물

질은 미세결정들로 이루어져 있으며, 스스로 결점을 보완해나가고 있다.

정리하자면, 자연은 오류를 범하며, 그 오류를 자연은 적어도 부분적으로라도 다시 고친다는 말이다. 우리를 둘러싸고 있는 모든 무기물은 이 수리·수선의 법칙을 이용하고 있다. 이것은 곧 지구상 모든 물질의 기원이라 할 수 있다. 이는 빅뱅과 함께 시작되어 모든 별과 행성의 생성과 함께 계속된다. 약 40억 년 전에 이렇게 수리·수선되지 않았더라면 지구는 결코 만들어지지 못했을 테고, 지구의 열이 식는 동안 에너지 보존과 자기조직화, 수리·수선의 과정이 없었더라면 지금 우리는 존재하지 못했을 것이다.

생명은 어떻게 시작되었을까

수정의 경우 무기물 분자가 서로 결합하듯, 분자를 지닌 생명계에서도 이와 비슷한 현상이 일어난다. 먼저, 이른바 원

---

* 반도체 생산과정에서 주로 이용되는 도핑doping은 고유 반도체intrinsic semiconductor인 어떤 물질이 가진 순수한 전기적·광학적·구조적 특성을 조절하기 위해, 결정 제조과정에서 불순물(원소나 화학물질)을 의도적으로 첨가하는 일을 말한다.

생액原生液, 원시수프 속에서 결정의 표면을 하나의 틀로 이용하는 DNA 베이스나 아미노산 같은 양성자가 이차원 구조의 질서를 갖춘다. 이렇게 만들어진 원시적인 유전자 코드가 최초의 폴리펩타이드*를 생성할 수 있게 되면 이것들은 그 토대에서 분리되어 나오고, 그런 다음 DNA 코드와 단백질로 이루어진 삼차원의 체계가 형성된다. 이 과정에서 이미 자가 수선의 메커니즘이 작동하게 된다. 그런데 생명은 정확하게 어떻게 시작되는 걸까?

이 문제는 이미 작센-바이마르-아이제나흐 대공국 군주 카를 아우구스트가 당시 그보다 여덟 살 많았던 괴테에게 물어본 바 있다. 두 사람은 우정이 두터웠다. 부패한 물질에서 얼마쯤 시간이 흐른 후 벌레들이 자주 기어 나오는 것을 관찰하면서, 괴테는 죽은 것에서 어떻게 생명이 태어나는가 하는 질문에 대한 답을 찾고자 했다. 그는 생철학生哲學에서 말하는 생명력vis vitalis, 즉 무생물 안에 내재한 생명력을 믿었다. 이 믿음은 이후 프랑스의 화학자 루이 파스퇴르에 의해 부인되었다. 그는 멸균된 물질에서는 어떠한 생명의 흔적도 발생할 수 없음을 증명해 보였다. 이로써 살아 있지 않은 물질에서 저절로 생명이 발생할 수 있는가 하는 문제에 대해 최종적으로 정리하려 했던 프랑스 학술원이 주는 상을 받았다. 파스퇴르가 이 상을 받은 것은 사실 부당하다고도 할 수 있는데, 아주 먼 과거, 지구가 태어나던 초창기에는 저절로 생명이 생겨났음이 틀림없으나, 파스퇴르가 이것까지는 해명하지 못했기 때문이다.

'생명력'을 찾기 위해서라면 나무를 한번 들여다보자. 봄이 왔으니 싹을 틔워야 한다는 것을 나무들은 대체 어떻게 아는 걸까? 우리는 달력을 들여다보면 되지만, 나무들은 그럴 수도 없는데 말이다. 바깥 날씨가 더 환해지고 따뜻해져서? 나무가 온도계라도 갖고 있는 걸까? 나무는 대체 어떻게 그 모든 것을 아는 걸까? 에델바이스는 어떻게 그렇게 황량한 산에서 자랄까? 땅속에는 분자나 원자가 제멋대로 흩어져 있고 대기 중의 탄소는 무질서하게 이산화탄소 분자의 형태로 존재하는데 말이다. 에델바이스가 공기 중의 분자(이산화탄소)와 땅속의 원자(수소, 광물질)를 잘 지휘할 줄 알아서 그것들이 에델바이스가 되도록 하는 법을 알고 있다고 말할 수도 있을까? 그런데 그게 또 그렇

---

* 천연 아미노산에는 스무 종류가 있는데, 이 아미노산들이 펩티드 결합이라고 하는 화학 결합으로 서로 연결되어 있다. 이렇게 길게 사슬 모양으로 연결된 것을 폴리펩티드라고 한다. 단백질과 폴리펩티드는 같은 말이지만, 보통 분자량이 비교적 작으면 폴리펩티드라 하고, 분자량이 매우 크면 단백질이라고 한다.

게 간단한 일은 아니다. 노란색과 흰색 또는 빨간색 같은 색들이 단지 하나의 원자에서 생겨나는 것이 아니라 여러 개의 원자들이 함께하는 가운데 생겨나기 때문이다. 어떤 식물의 꽃과 잎이 연해지는지 혹은 단단해지는지 역시 하나의 원자가 아니라 다수의 원자 조합에 따라 결정된다. 식물은 이 모든 일을 어떻게 해내는 걸까? '유전자 속에' '모든 것이' 고정되어 있고 결정되어 있으며 미리 정해져 있다고, 에델바이스의 흰색도 초롱꽃의 푸른색도 DNA에 코드화되어 정해져 있다고 할 수도 있을 것이다. 하지만 유전학은 유전자가 놀랍기 그지없는 자기조직 능력에 기대고 있는 대략적인 방향만을 보여줄 뿐이라는 점을 밝혀냈다. 각각의 개별 원자가 삼차원의 공간 안에서 어디에 자리를 잡아야 할지, 유전자는 정해주지 않는다는 것이다. 유전자 내에 배열 명령이 정해져 있지는 않다. 유전자 코드는 각각의 구성 요소에 적용되는 컴퓨터 프로그램 코드가 아닌 것이다. 이는 오히려 청사진에 가깝다. 예를 들면 세포막을 옮겨야 한다고는 정해주지만 그 세포막을 구성하는 각각의 지질과 단백질이 정확히 어디로 가야 하는지는 정해주지 않는다.

생명의 발생이라는 이 거대한 과학적 질문에 유전학은 대답할 수 없는 것이다. 여기에 대한 정확한 대답을 찾아내는 것은 아주 흥미로운 연구 주제인데, 그 답은 자기 조직화와 수리·수선의 법칙 속에 숨겨져 있다. 초기 지구의 대기에는 여러 화학 성분이 들어 있었고, 에너지는 지열이나 번개 형태로 존재했다. 이는 1950년대, 미국의 화학자 해럴드 클레이턴 유리Harold Clayton Urey와 스탠리 밀러 Stanley Miller 두 사람이 연구실의 플라스크로 시뮬레이션한 시나리오다. 다수의 분자는 화학 법칙과 에너지 최소의 원리에 따라 서로 충돌하거나 결합하는데, 밀도와 농도, 온도 등의 조건들이 적절할 때 마침내 아주 우연하게 생명 발생 조건으로 필수적인 DNA 베이스, 즉 유전자 코드의 염기서열 네 가지, AGCT가 생겨난다. 이론적으로는 다른 분자 조합 수십억 개가 만들어질 수 있었으나 실제로 생성된 것은 이 네 가지였다. 왜일까? 간단하게 대답하면, 그 네 가지가 에너지 면에서 가장 유리했기 때문이다. 함께 생겨난 다른 조합들에는 결함이 있었고, 그래서 자발적인 합성 과정에서 바로잡아지고 '고쳐져서', '제대로 된' 네 개의 분자를 이루었다. 즉 아미노산과 단백질을 코드화하고 구성하고 재생하면서 생명의 생성과 유지를 가능하게 해주는 핵심적인 조건을 갖추었고, 그렇게 해서 인식체계의 바탕을 형성하는 엄청난 능력을 갖춘 분자가 된 것이다.

에너지 최소의 원리를 포함한 자기조직화와 수리·수

선의 법칙은 보편성이 있으므로, 이러한 프로세스는 우주의 다른 어느 곳에서도 일어날 수 있으며, 이미 일어나고 있을지도 모른다. 아무려나, 나를 비롯하여 패서디나에 있는 행성협회The Planetary Society에서 외계 생명체 탐구에 몰두하고 있는 내 동료들은 이것이 옳다고 확신하고 있다.

수리·수선의 법칙과 자연의 자가 치유력이 없다면, 인간을 포함하여 어떤 생명체도 존재할 수 없을 것이다. 우리 세포 안의 유전자 코드를 읽어낼 때 끊임없이 오류가 일어나는 데다, 우주선cosmic ray*이나 고에너지광 때문에도 DNA는 손상될 수 있기 때문이다. 하지만 매초, 모든 세포 내에서 DNA 사슬 안에서 최소한 하나의 (잘못된) 분자가 고쳐지고 있다. 특별한 단백질의 하나인 수리효소라는 게 있어서, 이로 인해 생명체는 말하자면 스스로를 고쳐나가는 것이다.

자연도 수리하고 수선하며 재활용한다

자연은 어딘가 불완전하고 완벽하지 않을 때, 어딘가 고장났을 때 그것을 고쳐나간다. 하지만 절대적인 무결함이나 완벽함을 추구하는 것은 아니다. 그렇게 되면 결과적으로 더는 발전할 수 없는 어떤 체계가 될 테니 말이다. 자연에 내재한 오류의 근원은 돌연변이, 즉 유전자 변화의 원인이 된다. 대다수의 돌연변이는 동식물과 인간에게 해를 끼치지만, 일부는 근본적으로 생존에 유리하다는 것이 증명되었다. 그러한 변이들은 새로운 가능성을 열어주었고, 그렇게 해서 생명이 계속 발전하여 새로운 존재의 양식을 낳을 수 있도록 해주었으며, 이를 통해 진화의 과정에서 생명계에서의 다양성이 발전할 수 있었다. 오류와 변이는 항상 일어나므로, 자연은 계속해서 그렇게 고쳐질 것이다.

유기체 각각의 차원에서 보면 이러한 수선 능력에는 물론 끝이 있어서, 고칠 수 없는 질병들이 생겨나기도 한다. 한 생명 시스템의 구성과 기능 면에서 나타나는 오류는 특정 시점부터는 제거하는 데 한계가 있다. 우리는 왜 죽어야 하며, 왜 영원히 살 수 없을까? 수리·수선에 자연적인 한계가 있기 때문이다. 현대의 한 이론은 이를 이렇게 풀이한다. 염색체가 오래될수록, 그러니까 유전자와 유전정보를 지니고 있는 저 단백질 덩어리인 DNA 구조가 오래될수록 더 많은 오류가 생겨난다. 이는 특히 텔로미어에서 확인된다. 텔로미어란 단백질로 이루어진 염색체의 양쪽 끝

---

* 우주에서 날아온 고에너지의 각종 입자와 그것들이 지구 대기와 충돌하여 만들어낸 입자들.

부분을 말한다. 달리 말하면, 수리효소가 부족해져서 더는 온전히 채워지지 않는 것이다. 그래서 이런 구조상의 오류가 염색체 끝부분에 얼마나 많이 축적되어 있는가를 통해 한 사람의 나이를 읽어낼 수도 있다. 또한 이러한 오류 수치에 영향을 줄 수도 있는데, 예를 들어 방사선을 쪼이거나 니코틴 같은 화학 독성물질에 노출시키면 이를 촉진할 수 있기 때문이다. 반대로 건강한 생활방식, 즉 건강하게 먹고 활동하며 사색하는 균형을 통해 수명을 늘릴 수도 있다. 우리 자신의 수선 능력을 연장할 수 있다는 말이다.

자연계에서는 수리·수선뿐만 아니라 재활용 역시 이루어진다. 우리의 자연을 이루고 있는 구성요소들은 한때 별의 내부에서 생겨났으며, 초신성超新星이 폭발하면서 우주먼지의 형태로 우주 여기저기에 흩어져 있다가 언젠가부터 이 지구에 쌓여 여러 생물을 이루는 데에 쓰였다. 이 과정에서 살아 있는 물질은 수소결합 같은 약한 화학적 결합을 구성법칙으로 받아들였다. 이는 수리·수선 능력과 새로운 생성, 그러니까 자기조직화 과정에서 생기는 오류를 비로소 허용할 수 있게 해주므로 몹시 유용하다. 이러한 결합의 큰 단점은 이것이 다시 해체되어 버리기도 한다는 점이다. 인간의 경우 이는 삶이 끝난 후에 일어난다. 그러니까 생명 전체를 위해 우리는 다시 새롭게 태어나는 것이다.

말하자면 우리가 '재활용'되는 것이다. 어쩌면 이것은 윤회라는 조금 다른 관념의 순수한 물리적 토대일 수도 있겠다.

수리·수선이라는 개념은 자연뿐 아니라 인류사에서도 입증되었는데, 네안데르탈인에서부터 근대에 이르기까지 인간은 도구처럼 쓸만한 가치가 있는 일상용품들을 비교적 오랫동안 사용해왔다. 하지만 지난 몇 세기, 우리는 제품에 대한 이런 긴밀한 정서적 접촉을 잃어버리고 말았다.

○
우리가 잃어버린 것들

잃어버린 지식: 사물을 전체적으로 조망하기

《코스모스−세계의 물리적 기술에 대한 구상》은 알렉산더 폰 훔볼트Alexander von Humboldt, 1769~1859의 다섯 권짜리 책 제목이다. 그는 이 책에서 독자에게 그 유명한 '전체를 조망하는 것', 즉 '맥락 속에서의 물체의 현상, 내부의 힘에 의해 움직이고 살아가는 전체로서의 자연'에 대해 전달하려 했다. 세계 전체의 관찰이라는 이 대단한 아이디어에서 출발하여 거의 20년에 걸쳐 필생의 역작을 쓰는 동안 훔볼트는 탐사 여행을 수없이 다니며 다른 학자들과 교류했다. 이 책《코스모스》는 광물학과 지질학, 동식물학 및 천체론을 모두 아우르고 있다.

자연을 전공 학문의 한계를 넘어 하나의 전체로 파악하는 것은 아주 현대적인 사상으로, 이는 오늘날 광범위하게 적용되고 있는 카오스 이론의 '나비효과' 같은 슬로건을 예로 들 수 있겠다. 이 개념은 미국의 천문학자 에드워드 로렌츠Edward N. Lorenz가 1972년 '브라질에서 나비가 날갯짓을 하면 텍사스에서 토네이도가 일어날까?'라는 주제로 한 강연을 통해 널리 전파되었다.*

모든 것은 다른 모든 것에 영향을 미친다. 인과관계를 파악하기 위해선 사물의 전체를 들여다보아야 한다. 훔볼트는 이미 오래전에 이를 자기 방식으로 이해하고 있었다. 카오스 이론에 따르면 결정론적인 과정에서 역시 출발 지점의 조건들이 조금만 달라져도 전혀 다른 결과를 가져올 수 있다. 기상 예보의 출발 지점에서 나비의 날갯짓은 아주 작은 변수일 뿐이지만 결국 전혀 다른 기상 흐름을 일으킬 수도 있다는 것이다. 한쪽 면만 보는 것으로는 결코 충분치 못하며, 아주 다양한, 수많은 변수들을 고려해야 한다. 자연의 흐름이란 복잡하기 짝이 없으며 아주 작은 디테일이

---

* 이 용어가 처음 사용된 것은 1952년 SF 작가 레이 브래드버리 Ray D. Bradbury의 시간 여행에 관한 단편소설 〈천둥소리A Sound of Thunder〉에서였다.

라도 결국 이것들이 민감하게 결과를 규정하기 때문이다.

하지만 너무 비관적으로 받아들일 필요는 없다. 오늘날 누구도 전체를 개괄할 수는 없다. 날씨 문제만 보더라도 그렇다. 기상 변화나 그 정확한 원인을 파악하기가 얼마나 어려운 일인지는 한 예일 뿐이다. 그러나 이제는, 전공 분야나 개별 학과를 넘어 본질적인 인과관계를 고민하는 학자들이 필요하다. 대학들은 예전처럼 전 분야를 아우르는 대학자를 키워내는 교육을 지향해야 한다. 오해가 없도록 덧붙이자면, 각 학문의 발전은 물론 더 세부적인 것들의 발전에 달려 있을 테고, 박사학위 논문이라면 더 깊이 파고들어야 할 테지만, 그 후에는 우수한 자연과학 교육에 바탕을 둔 일종의 전인교육studium universalis이 인문과학적 통찰을 이끌어낼 것이다.

리페어 컬처는 종합적 사고의 대표적인 본보기다. 어떤 분야에 대한 특별한 지식과 아주 다양한 분야의 기술적인 능력이 동시에 필요한 데다, 다음 세대에 책임감을 가지고, 전체를 책임지려 하기 때문이다. 이러한 문화의 기초를 세우기 위해서는 과학과 기술에 더 밝아야 하며, 연구실이나 전문가의 영역 안에만 있던 것들을 사회 안으로 가지고 들어가야 한다. 그래야만 기술의 가능성과 위험에 대해 진정으로 대화할 수 있을 것이며, 이런 대화야말로 우리 사회가 미래로 가는 길을 열어줄 것이다. 뮌헨 공대의 '사회 속의 과학센터' 교수로서, 나는 학생들에게 전공 분야인 물리학에 대해 말하면서도 같은 과 친구들만이 아니라 다양한 관심을 가진 다른 사람들에게 어떻게 다가가야 하는지를 가르친다. 학생들은 진보와 발전이 실험실 안에서뿐만 아니라 그 기술이 통용되어야 하는 사회 한가운데에서도 역시 일어난다는 것을 배운다.

국립독일박물관Deutsches Museum의 유리실험실은 과학과 '일반 시민'을 연결시켜주는 한 장소다. 그곳에서 사람들은 실제로 연구하는 과학자들을 지켜볼 수 있으며 그들과 이야기를 나눌 수도 있다. 예를 들어 나노 기술과 같은 여러 기술의 가능성과 위험에 대해 함께 이야기해보기도 한다. 보통은 기술 발전에 수동적으로 노출될 뿐인 관람객들은, 이곳에서는 말하자면 참여자가 된다. 그들은 시민과의 대화 등을 통해 미래에 연구 개발이 나아갈 방향에 대해 투표하거나 그 연구 개발의 응용과 관련해 자기 의견을 내놓을 수 있다. 이런 열린 공간을 통해 과학자들 역시 사회적 대화에 동참하는 법을 배운다. 이러한 대화 없이는 새로운 기술 도입은 불가능하다. 각 개인의 의견이 잘 교환될 때 신뢰는 가장 잘 구축된다.

그런 점에서 훔볼트 외에 오스카 폰 밀러Oska von Miller, 1855~1934 역시 전체적인 조망이라는 이상을 대표하는 인물이다. 뮌헨 출신의 건축가인 그는 자연과학과 기술에 관련된 50개 분야를 한데 모아 사람들로 하여금 전공 분야를 뛰어넘어 전체를 이해하도록 하겠다는 계획하에 독일 박물관을 세웠다. 이러한 박물관은 오늘날에는 아마 거의 실현될 수 없을 것이다. 현재 각 학문이 이루어낸 엄청난 양의 지식을 볼 때, 전시물들을 하나의 콘셉트 아래 한곳에 모은다는 것은 너무나 어려운 일이다. 갈수록 더 복잡해지는 이 세계가 지닌 여러 맥락을 관람객에게 전하기 위해 현재의 박물관이 할 수 있는 것은, 본보기가 될만한 것들만을 골라 전시하는 방법뿐이다. 인터넷이 엄청난 양의 다양한 정보를 제공해주기는 하지만, 사람들이 실제 전시장으로 모이는 까닭은 직접적인 만남이 가능하기 때문이다. 전시물과의 만남, 그리고 과학자나 전문가 같은 해설자와의 만남이 그렇다. 이러한 만남을 통해 이해하고 인식하며, 마침내 참여가 이루어진다. 인류에게 다가올 수많은 미래의 도전 과제들은 과학과 사회의 긴밀한 협력을 통해서만 극복할 수 있다고 나는 확신한다.

오스카 폰 밀러는 훔볼트처럼 여러 권의 저서를 쓰지는 않았지만, 훔볼트의 우주-사상을 교육 현장에 적용한 사람이다. 국립독일박물관에서 우리는 사물을 전체적으로 관조할 수 있다. 각종 물질 즉 여러 천연자원을 캐내는 광산에서부터 재료과학을 통한 가공과 이에 필요한 공구와 기계, 또 전기 및 송전 그리고 관련 응용 분야, 의료와 나노기술 및 생명공학 분야의 제품들과 약학, 식품 산업이나 건축에 필요한 제품에 이르기까지 모두 하나의 사물에 망라되어 있는 것이다. 이 모든 것의 바탕에는 자연과학, 그 가운데서도 물리학과 화학, 생물학이 가져다준 통찰들이 깔려 있다. 모든 것이 서로 연결되어 있는 데다가 각 전시실은 서로를 참고하도록 되어 있어서, 박물관을 한 번 돌면 모든 것이 지적으로든 물질적 의미에서든 동일한 자원으로 구성되며, 하나의 기술이 또 다른 기술에 적용되고 있음을 알 수 있다.

잃어버린 능력: 전문가들은 알 수 없는 것

어떤 제품을 생산하는 과정에서 언제나 나사 하나만을 조립하는 사람은 전체 제품에 대한 책임감을 느끼지 못한다. 산업화가 진행되는 동안 생산과정이 각각의 단계로 나누어지면서 사물을 전체적으로 바라보는 일은 뒤로 밀려나고 말았다. 자동차 공장에서 줄곧 용접만 담당하는 사람은 자동차를 보아도 그저 어깨를 으쓱할 뿐이다. "자동차가 어떻게 만들어지는지는 나도 몰라. 난 그저 용접만 하니까."
우리는 이렇게 훔볼트의 이상에서 멀어져왔다.

맥락을 고려하는 행동에서 멀어져버린 데는 산업화시대에 아주 큰 성과를 가져다준 컨베이어벨트 시스템이 큰 역할을 했다. 헨리 포드의 자동차 공장에서 일하는 노동자는 자동차가 전체적으로 어떻게 작동하는지, 자동차가 어떻게 조립되는지 더 알 필요가 없어졌다. 그는 한 과정에서 다른 과정으로 이동하는 과정을 생각하지 않아도 되었으며, 하나의 요령만 배우고 익힌 뒤에는 그 이상 아무 일도 할 필요가 없었다. 전체적인 인과관계에서 분리된, 제한된 업무 하나가 그의 유일한 업무가 되어버린 것이다. 찰리 채플린은 영화 〈모던 타임스Modern Times〉에서 컨베이어벨트를 이용한 생산방식이 가지고 있는 부조리를 보여주었다. 이 영화에서 그는 테일러 시스템Taylor system*에 따라 일하는 노동자의 역할을 직접 연기했다. 끊임없이 돌아가는 컨베이어벨트 앞에 서서 기계의 리듬에 맞추어 스패너를 한쪽 방향으로 반복해서 조이는 일은 처음에는 별문제가 되지 않았으나, 어느새인가 점점 그는 기계로 인해 강박관념에 빠져들고…… 마침내는 거리에서 마주친 한 여성의 옷에 달린 단추를 보고 그것을 나사처럼 조이려 하는 지경까지 이른다.

컨베이어벨트를 이용한 작업이나 분업화된 생산방식을 반대하려는 것은 아니지만, 과도한 작업은 때로 부정적인 결과를 가져오기도 한다. 전문가 중심주의는 분명 이상한 방식으로 꽃피우고 있으며, 이는 오늘날의 정보 사회에서 역시 마찬가지다. 더불어 관료주의가 더욱 더 만연해지고 있는 것은, 점점 더 많은 전문가들이 더 세분화되는 가이드라인과 규정, 법규 등을 통해 더욱 세세하게 관리감독하며 다시 새로운 것들을 만들어내기 때문이다. 소득세 신고 같은 일을 우리가 하나하나 모두 이해하지 못하는 까닭은, 적어도 부분적으로는 형평성을 추구한다는 이유로 지나치게 상세하게 만든 규정 때문이기도 하다. 평가하고 점검하고 우려하는 사회적인 목소리가 점점 더 커지는 반면 협력의 태도가 점점 줄어드는 이유는 새천년을 맞이한 이 세계의 복잡성 때문만은 아니다. 자동화는 물론 필요하다. 자동화가 없었다면 지금과 같은 사회는 생각조차 할 수 없었을 것이다. 현재의 기술을 통해 요즘은 로봇 역시 용접을 할 수 있고, 정해진 절차에 따라 컴퓨터가 소득세 신고서를

---

* 19세기 말 미국 기술자 프레더릭 테일러Frederick Taylor가 제창한 과학적인 공장 관리 및 노무 관리의 방식. 표준 능률을 설정하여 차별적 능력급 제도를 채용하는 것을 주요 내용으로 한다.

작성해주기도 한다(나는 내 소득액만 기입하면 된다). 앞으로는 컴퓨터가 전문가 역할을 대신 해주는 이른바 전문가 시스템이 반복적이거나 단순한 업무들, 그리고 더 복잡한 일들까지 점점 더 많이 처리해줄 것이다. 전문가 시스템은 예를 들어 컴퓨터 단층촬영-CT 사진을 해석하는 의사들에게도 도움을 줄 수 있으며, 그렇게 확인된 문제의 '수리·수선' 방법까지도 제안해줄 수 있다.

하지만 언제나 부품 하나를 용접하는 일만 하는 사람이라면 어떤 사물의 전체적인 모습에 대해서는 궁금해하지 않을 것이며 그러한 안목을 가지기도 힘들 것이다. 우리 사회에는 물론 전문가들이 있어야 한다. 하지만 여기에서 한발 더 나아가, 어떤 사물이 생겨나고 그것이 사라지는 과정을 개괄할 수 있는 사람이 필요하다.

이러한 관점에서 볼 때 수리·수선은 그저 스패너를 돌리는 일 그 이상이다. 생산 자체에 대한 지식은 수리·수선의 일부이며, 순환에 대한 인식 역시 마찬가지다. 요즘은 제품의 수명이 아주 짧은 경우가 많기도 하지만, 더 고쳐쓸 수 없게 되었을 때조차 어떤 제품이건 그냥 쓰레기통에 던져버려서는 안 되며 재활용해야 한다. 재활용에 대한 고민은 소재의 순환에 대한 고민으로 이어진다. 과거 수공업 사회에서는 경제적 이유에서라도 당연시했던 일들, 그리고 자신들이 잡은 것은 하나도 버리는 것 없이 모두 사용하는 에스키모와 같은 몇몇 소수민족의 문화에서 발견할 수 있는 풍경들은 21세기에 더욱 널리 확산되어야 한다. 그러려면 어떤 사물이나 기기를 촉각적, 기계적, 전기적으로 이해하는 과정이 선행되어야 한다. 이것은 말하자면 산업혁명의 이면을 보는 작업이다. 물론 사물과의 접촉이 없어진 것을 너무 나쁘게 생각할 필요는 없다. 이에 대해 산업이 직접적인 책임이 있는 것 또한 아니다. 하지만 쓰고 버리는 사회-과소비 사회는 좀 다른 부분까지 성장시켰는데, 이것은 도저히 받아들일 수 없는 어떤 것과 관계가 있다.

○

쓰고 버리는 사회를
해부한다

의도적인 노후화

2003년, IT의 거인인 애플Apple에 대한 집단 소송이 제기되었다. 애플이 아이팟에 의도적으로 수명이 매우 짧은 배터리를 장착했다는 혐의였다. 더불어 이 배터리가 교체 불가능하다는 점에 대해서도 문제가 제기되었다. 하지만 법적으로 입증되진 못했는데, 애플과 고소인들이 법정 밖에서 합의를 보았기 때문이다.

현재 생산되고 있는 제품들의 기술적인 디테일들은 대체로 매우 복잡해서 특정 부분을 의도적으로 취약하게 만들었다는 증거를 명백하게 제시하기란 어려운 일이다. 노후화 문제는 이제 막 대두되었으니, 이에 대해 어떤 판결

이 내려질지는 아직 기다려봐야 한다. 그럼에도 이들 산업이 제품을 생산할 때 어떤 재료를 쓸지, 내구성은 어느 정도로 할지, 가격은 얼마나 매길 것인지를 신경 쓰는 것은 분명하다. 경영학에 근거한 이러한 전략은 종종 튼튼한 부속을 이용해 엔지니어가 계획한 대로 만들었을 때보다 제품의 내구성이 기대한 만큼 높지 않게 나타나는 단점으로 이어지기도 한다.

내 부모님만 해도 라디오는 한번 사면 평생 쓰는 물건인 줄 알았지만, 그런 시대는 지나간 지 오래다. 물론 기업들이 부러 빨리 고장 나는 제품을 만들어 고객들을 화나게 하려는 것은 아닐 것이다. 하지만 제품의 사용기한이 종종 정확하게 계산되어 나온다는 믿을만한 의혹이 있는 것도 사실이다. 고객들은 제어장치를 통해 철저하게 계산된 이른바 의도적인 노후화를 때로는 원하기도 하며(1년만 쓰고 새것으로 바꾸곤 하는 핸드폰처럼) 때로는 싫어도 그냥 받아들인다. 어떤 기업이 원자재와 가격 간의 균형을 맞출 때 이것이 물론 의도적인 것이라 해도 악의적인 음모까지는 아닐 것이다. 예를 들어 우리는 하드디스크 제조업자에게 더 큰 콘덴서를 쓰지 않았다고 비난할 수는 없다. 더 큰 콘덴서를 쓰면 수명은 길어지겠지만 크기 역시 예전처럼 커질 것이다. 그들이 더 작고 더 싼 콘덴서를 쓰는 것은 당연하다. 우리를 속이려 해서가 아니라, 고객들이 더 작은 하드디스크를 더 싼값에 장만하려 하기 때문이다.

의도적인 노후화 외에 기능적인 노후화라는 것도 있다. 이것은 어떤 제품군에서 더 새롭고 훌륭한 기능을 갖춘 새 기기가 개발되었을 때, 그러니까 기술적인 진보가 이루어졌을 때 나타난다. 물론 각각의 경우를 따져보았을 때, 실제로 얼마나 나아졌는지, 그것이 기기를 교체하거나 새로 살 만큼 나아졌는지 쉽게 판단할 수 있지는 않다. 특히 소프트웨어 분야에서는 이른바 상향 호환성에 주목해야 한다고들 한다. 이것은 새 버전의 제품이 이전 버전의 모든 기능을 유지하면서 새로운 기능이 추가되도록 함으로써, 낡은 하드웨어를 버려도 이전에 수행하던 작업을 계속할 수 있게 하는 것이다. 제품의 노후화는 유행심리를 좇는 소비자들의 심리적인 변화와도 상관이 있다. 제품에 아무 이상이 없는데도 옷이나 멋진 디자인의 가구를 새로 사고 싶어 하듯이 말이다. 대체품에 대한 수요를 높은 수준으로 유지하고 더 비싸고 질 좋은 부품과 생산수단의 균형을 최적으로 맞추는 것은 제조업자들의 이익과 맞닿아 있다.

전동칫솔이나 핸드폰의 경우 수명이 다한 배터리가 교환되지 않는다는 점이 나는 늘 화가 났다. 배터리 교체만 가능했어도 그 기기들을 계속 사용했을 테니 말이다.

더 좋은 배터리를 만들기 위해 아직 연구가 더 필요하다고는 해도—휴대용 전자제품들의 경우 이 문제는 무엇보다 시급하다—제조회사들 쪽에서 최소한의 대체 가능성 정도는 제시해줄 수도 있지 않을까? 하지만 대부분의 핸드폰과 여타 가전제품들이 그렇듯, 그런 사례는 거의 없다. 커피머신은 보증기간이 지나면 얼마 지나지 않아 고장나버리고, 세탁기 역시 삶기 기능이 갑자기 말을 듣지 않는다. 이런 경우 어느 정도는 우리 소비자들의 잘못이기도 하다. 예를 들어 정기적으로 석회를 제거하는 식으로* 관리해주지 않은 탓이다. 하지만 다른 문제도 분명 있다. 보증기간을 더 늘리도록 규제할 수도 있을 것이다. 반드시 필요한 수리를 위해 부품을 보유하는 일 역시 마찬가지다. 컴퓨터의 경우 비교적 수명이 긴 부품보다 수명이 짧은 부품을 주로 사용해서인지, 마치 정해진 시점부터는, 그러니까 일정한 사용 횟수를 넘기고 나면 움직이지 않도록 맞추어져 있는 타이머라도 내부에 장착된 것마냥 작동을 멈춰버리곤 한다. 그런 한편 (하드디스크의 저장용량이나 에너지 효율 혹은 핸드폰 크기 따위를 이유로 들며) 기술적으로 수명이 완전히 다할 때까지 제품을 사용하려는 사람 역시 거

---

* 독일 수돗물에는 대체로 석회질이 포함되어 있다.

의 없다. 따라서 소비자의 심리 때문이건 다른 이유 때문이건 비교적 수명이 짧은 제품과 큰 비용을 들이지 않고도 수명을 늘릴 수 있는 제품 사이의 적절한 균형을 찾을 필요가 있다. 그 한계는 적극적인 요구와 합리적인 소비 태도를 통해 우리 소비자가 정할 수 있을 것이다.

예를 들어 스타킹은 손톱에 걸리거나 몇 번 빨고 나면 금세 올이 나가는데, 섬유의 조직이 어느 정도 이상의 힘을 견디지 못해 실이 끊어지기 때문이다. 이를 바꾸고 싶다면 우리는 고객으로서 돈을 더 많이 낼 준비가 되어 있는지 자문해보아야 한다. 이는 원자재의 문제이기 때문이다. 물론 가끔은 수명이 긴 제품이 전혀 없거나 매우 드문 경우도 있지만, 더 비싼 재료를 쓰면 대개 더 오래가기 마련이다. 이런 상황을 바꾸려면 우리가 그런 제품들을 높이 평가하고 그에 합당한 비용을 지불해야 한다.

산업-소비자라는 이인조의 이러한 원칙 결정은 당연히 고용관계에도 영향을 미친다. 수명이 긴 제품을 만드는 업체는 생산량이 줄어들 것이며, 따라서 일자리도 줄어들 것이다. 하지만 수명이 짧은 물건들을 만들면 그만큼 환경을 해치게 된다. 앞으로 만들어나가야 할 완전고용의 시대를 위해서라도 우리에겐 올바른 기준이 필요하다.

수명이 짧은 제품들은 때로 생태계에 큰 영향을 미치

기도 한다. 우리가 만들어내는 거대한 쓰레기산 뒤에는 대개 어떤 제품이 고장 났을 때 종종 듣게 되는 어떤 말이 숨겨져 있다. "고쳐봤자 돈만 들지. 그냥 버리는 게 나아." 그러나 우리의 자원과 환경을 위해서는 고쳐 쓸 수 있고, 수명이 긴 제품을 만들어야 한다. 이러한 트렌드를 만들어내는 것은 다름 아닌 소비자들이다. 잘만 된다면 언젠가 우리는 '이 제품은 쉽게 수리할 수 있습니다'라는 문구를 넣어 홍보하는 제품을 보게 될 것이다.

이렇게 일정한 제한수명, 그러니까 계획적인 노후화는 미국의 알프레드 슬론Alfred P. Sloan이 만들었다고 한다. 1920년대 자동차 회사 제너럴모터스의 회장을 지낸 그는 자동차에 변화를 주어 고객들이 더 빨리 새 차를 사도록 유도하라고 지시했다. 그때만 해도 생산과정에서 이미 취약한 부분을 설계해 넣음으로써 이러한 목표를 이루려는 전략은 아직 없었으나, 다른 이들도 곧 비슷한 전략을 펼쳤다. 그들은 부러 품질이 떨어지는 자재를 사용해서 제품의 내구성을 낮췄다. 오늘날에는 최적의 수익구조를 내기 위해 수명을 제한하는 요소들을 더 먼저 계산에 넣는다. 어떤 때는 제품을 폐기하라고 본격적으로 지시하는 일까지 있었다. 2009년 독일에서는 제2 경기부양책의 일환으로 폐차보조금 지급 제도가 도입되었다. 이는 국가 차원에서 지급하는 일종의 '환경보조금'으로, 낡은 차를 폐차하고 같은 해에 새 차를 등록하면 2,500유로를 지급하는 제도였다.

기존 제품의 노후화와 함께 새로운 제품의 광고는 우리 소비자들에게 원래 없던 욕구를 일깨운다. 언제나 최신 핸드폰과 한창 유행하는 옷들을 갖고 싶어 하는 청소년들처럼 말이다. 굶주리고 헐벗은 사람들, 집도 교육받을 기회도 없는 사람들이 지구에서 인간으로서의 기본적인 욕구조차 충족시키지 못한 채 우리가 누리고 있는 '놀랄만한' 수준의 복지를 전혀 누리지 못하고 있는데, 그 사람들의 숫자를 생각하면 한심하기 짝이 없는 태도가 아닐 수 없다.

내구성과 가격

6년쯤 전부터 나는 바이에른 방송이 일요일마다 생방송으로 내보내는 〈존탁스슈탐티슈Der Sonntags-stammtisch〉* 에 고정 패널로 나가고 있다. 주간지 〈포쿠스Fokus〉의 발행인 헬무트 마르크보르트와 디터 하니치, 그리고 내가 초대하는 게스트 두 명과 신神과 세계에 대해 이야기를 나눈다. 진행자인 마르크보르트가 지난주에 가장 즐거웠던 일과 가장 짜증 났던 일은 무엇이냐고 묻는 순간은 언제나 특별하다. 타고난 만화가이기도 한 디터 하니치는 종이 한 장을 집어 들어 그림을 그리고, 나는 주로 소장품을 선보인다. 한번은 뮌헨 프라이만 지역의 벼룩시장에서 산 핸드마사지 기계를 소개했는데, 1960년대에 제작된 이 기기에서 내가 느낀 즐거움은 멋진 디자인 때문만이 아니었다. 그 기기가 들어 있던 케이스, 하늘색 인조 뱀 가죽을 씌운 헤드, 그리고 교체가 가능한 진홍색 솔이 달려 있는 합성수지로 만든 손잡이까지, 눈을 뗄 수가 없었다.

그날은 유행을 선도하는 보그너 그룹** 회장 빌리 보그너Willy Bogner가 게스트로 나왔는데, 그는 방송이 끝난 뒤에도 이 기기의 디테일에 흥미를 보였다. 만듦새도 훌륭하지만, 50년 넘게 사용한 물건인데도 거의 새것 같아 보였으며, 기능에도 전혀 문제가 없었다. 디자인과 외형, 만듦새와 품질은 그가 운영하는 스포츠 산업에도 매우 중요한 요소들이다. 아마추어 비행사이기도 한 그는 기술에도 조예가 깊었다. 이렇게 정밀하게 만든 물건은 지금은 값을 따질 수도 없다고 그가 먼저 말을 꺼냈고, 우리는 물건의 가격과 수명의 관계에 대해 긴 토론을 이어나갔다. 30유로

---

* 직역하면 '일요일 단골손님들의 모임'.
** 스키복에서 이브닝 웨어까지, 향수에서 영화 산업까지 스포츠와 패션을 아우르는 라이프스타일 브랜드.

짜리 재킷의 지퍼가 망가졌다고 치자. 그런데 수선하는 데 드는 비용이 재킷 가격보다 비싸다고 했을 때, 그 옷을 수선하지 않는 사람을 비난할 수 있을까? 물론 재킷이 수선비보다 비쌀 때는 수선하는 쪽이 이익일 것이다. 게다가 더 비싼 제품일 때는 아무래도 처음부터 더 튼튼한 지퍼를 달 테니, 만듦새가 조악해서 수선까지 해야 할 일은 아마도 별로 없을 것이다.

이와 똑같이, 나한테 할아버지에게서 물려받은 1920년대 스타일의 정장이 한 벌 있다. 그 옷을 살펴보면, 옷의 주인이 살이 빠졌다가 다시 살이 찌는 사이 여러 번 수선되었음을 알 수 있다. 당시에는 양복을 처음 만들 때부터 이미 그런 수선을 고려했을 것이다. 그때만 해도 소비자들은 튼튼한 제품, 변경하고 수선하기 쉬운 제품을 더 찾았을 테니 말이다. 그래서 여분의 단추는 물론이고, 언제라도 수선할 수 있도록 옷감과 안감을 아끼지 않고 넉넉하게 재단했을 것이다. 하지만 요즘은 바느질조차 엉성한 옷들이 꽤 많고, 옷장에서 옷을 꺼내 입다가 단추가 툭 떨어져버리는 일도 드물지 않다.

어떤 물건을 살 때 품질을 꼼꼼히 살펴보는 것은 물론 중요하지만, 이때 수선하기가 얼마나 쉬운지 역시 따져보아야 한다. 부품을 따로 구할 수 있는 제품이나 기기라면 접착 혹은 용접된 것보다는 나사를 사용한 제품이 나중에 수리하기 더 쉬울 것이다. 그렇다고 비싼 제품만을 살 수는 없겠지만, 비교적 저렴한 물건을 사더라도 최소한 5년 이상의 보증기간은 필수다. 제조사들은 필요 이상으로 가격을 올리지 않고도 더 오래 쓰는 제품을 만들어야 하며, 소비자들은 더 튼튼한 제품을 눈여겨보고, 그런 제품이 얼마나 값진지 알아보아야 한다. 이것이 한번 쓰고 버리는 태도에 맞서는 첫걸음이다.

기업들은 이따금 잘못된 주장으로 고객들을 속이려 한다. 예를 들어 세탁기는 10년 주기로 업그레이드되었으며, 더 많은 기능과 프로그램이 탑재되어 있는 것만 보아도 그 품질을 알 수 있다고 기업들은 주장한다. 하지만 항상 그렇지는 않았음은 우리 모두 이미 알고 있다. 꽤 고가의 제품들, 그 가운데에서도 특히 많은 전자기기들이 약점을 드러내 보였는데, 세탁기 가열장치가 예전처럼 15년 이상을 버티지 못한다는 점 따위가 그렇다. 대다수 관련 전문가들이 알고 있다시피 이 장치는 7~8년이면 교체해야 하는데, 이러한 지출은 그다지 합리적이지 못한 것이, 수리비가 새 제품 가격과 맞먹기 때문이다. 이 산업은 이렇게 쓰고-버리는 제품을 또다시 시장에 내놓은 셈이다.

어쩌면 새로운 장치가 필요한 것은 아닐까? 환경에 해

로운 이산화탄소를 방출하는 발전소가 탄소배출권을 사야 하듯, 수명이 짧은 제품을 주로 생산하는 기업에 일정한 세금을 부과하면 어떨까? 그 제품들이 100퍼센트 재활용이 가능하다면 또 모르겠지만, 이 기업들은 수명이 긴 제품을 생산하는 기업에 비해 환경에 더 많은 해를 끼칠 테니 말이다.

냉장고나 전자레인지, 세탁기 같은 제품에 에너지소비효율등급 스티커를 붙이는 일은 매우 의미 있는 정책이다. 사용기한등급을 요구하고 부여하는 정책이라고 왜 안 되겠는가? 꼭 세금을 부과하거나 제재를 가하지 않고 광고만 해도 충분히 그 역할을 할 수 있을 것이다. '이 제품은 경쟁사 제품보다 더 오래갑니다.' 그렇게 되면 학교 운동장에 있는 아이들의 손에 들려 있는 것이 더는 최신 핸드폰이 아니라, 바닥에 떨어뜨려도 망가지지 않고 가장 오래 쓸 수 있는 핸드폰이 될지도 모를 일이다.

수영장 펌프를 수리하다가

어느 날 20년은 된 우리 집 수영장 펌프가 고장 났다. 수영장 펌프를 고치겠다고 나서는 사람은 아마 거의 없을 것이다. 하지만 우리 집에서 수리에 대한 내 열정에서 벗어날 수 있는 물건은 없다. 그런데 어느 날 그런 물건이 생겼고, 그게 바로 수영장 펌프였다. 펌프는 녹이 좀 슨 것 같았는데, 그 때문인지 펌프를 모터 박스에서 분리하려고 힘을 주자 그만 그대로 부서지고 말았다. 다행히 아직 운영 중인 펌프 제조사에 새 펌프의 가격을 물어보았더니 2,300유로라는 답이 돌아왔다. 펌프는 모터와 세트로만 판매되기 때문에 그렇게 비싸다는 것이었다. 우리 집 펌프는 펌프 케이스와 삼상교류모터 드라이브의 방수 연결부가 문제였다. 모터는 아직 정상이었다. 그래서 모터까지 아예 새로 바꾸는 게 맞는지 결정하기가 어려웠다.

물론 내가 정기적인 관리를 소홀히 한 탓이었다. 녹이 슬었다는 것이 그 증거다. 이런 태만은 언젠가는 대가를 치르게 한다. 하지만 이 경우에는 모터와 펌프를 세트로 사기보다는 펌프 케이스만 새로 사서 모터에 연결할 수 없는지를 먼저 알아보아야 할 것 같았다. 비슷한 상황들이 떠오르기 시작했다. 배기관에 문제가 있어 자동차 정비소에 갔더니 배기 시스템 전체를 교체하게 되었다거나, 브라운관 텔레비전의 라인 변압기만 교체하면 될 줄 알았는데 전문가란 사람들이 전자빔편향 시스템 전체를 바꾸라고 한다든지 하는. 물론 브라운관 텔레비전이 거의 사라진 시대에 이런 일들은 옛날이야기 같겠지만, 실제로 내가 겪은 일이다.

나는 다시 그 회사에 전화를 걸어 모터 말고 펌프만 사고 싶다고 설명했다. "그런데 왜 그러시죠? 이 제품은 세트로만 구입하실 수 있습니다." 전화기 저편에서 남자는 그렇게 대답하며, 수영장 안쪽의 물 유입장치도 따로 판매하지 않으니 함께 구매해야 한다고 했다. 그러면서 이참에 컨트롤러를 같이 구입하는 것도 고려해보라며, 물론 여기에는 약간의 추가 비용이 든다고 덧붙였다. 원래 물속에 잠겨 있는 컨트롤러는 수영장 밖에 있는 펌프 스위치를 작동시키는 장치인데, 내가 컨트롤러는 완전 정상이라고 하자 남자는 '보증 인수' 어쩌고 하며 중얼거렸다. 아, '대단한' 판매사원이구나 싶었다. 그래, 좋다. 하지만 전혀 문제없는 부분까지 교체해야 한다면 환경에 대한 고민은 어디로 간 걸까?

　내가 아무 대답도 하지 않자 남자는 다시 말을 이었다.

　"그러니까 선생님은 펌프만 따로 구입하시겠다는 말씀이시죠?"

　"바로 그거요. 교체할 부품을 사겠다는 것이오."

　우리는 본질에 다가가고 있었다. 남자가 내 말을 좀 더 이해하고 있다는 느낌이 들었다.

　"하지만 부품이 없어요. 너무 오래됐거든요."

　"너무 오래됐다는 게 무슨 말이오?" 나는 다시 물었다.

"그사이에 새 제품들이 나오고 있으니까요."

아, 신제품! 그러니까 그 신제품들이 낡은 기기의 수리를 방해하는 근본적인 원인이었다는 말이다. 이 펌프의 원래 기능, 즉 역류계전기에 보내기 위해 물을 퍼내는 기능은 20년 전 우리 집 수영장을 만든 사람이 설치했을 때와 정확히 똑같았다. 하지만 이런 지적은 펌프 제조사의 관심을 끌지 못할 테고, 나는 어쩔 수 없이 새 제품을 사게 될 것이다. 하지만 계속 물어보다 보니, 새 모델은 그전에 나온 것보다 효율성도 떨어지는 것 같았다. 모양이 바뀌었는지는 몰라도 옛 모터와의 호환성마저 사라지고 만 것이다. 의도적인 호환성 상실이었다.

수리가 불가능한 이런 상황과 전혀 반대되는 놀라운 예를 들어보자. 믹시Mixi라는 주방용 기기가 있다. 어머니가 거의 50년 전에 산 이 기계는, 지금까지 쉬지 않고 채소를 다지고 밀가루를 반죽하고 또 저 훌륭한 바나나우유를 만들어왔다. 바나나우유 냄새를 맡으면 지금도 어린 시절 주방에서 이 작은 마법 믹서가 만들어내는 기적을 설레는 마음으로 기다렸던 기억이 떠오른다. 오후에 숲에서 따온 딸기로 만든, 맛과 향이 으뜸인 딸기우유도 생각난다. 이 믹서는 지금까지도 사용하고 있다. 그렇게 긴 시간이 지나 회전칼날이 붙어 있는 본체와 유리 용기 사이의 둥근 고무 패킹이 삭아버렸을 때(다들 알다시피 폴리머는 시간이 지나면 못 쓰게 된다) 수리하려면 꽤나 복잡할 거라고 생각했다. 1950년대에 만든 기계 부품을 구하는 일은 당연히 쉽지 않을 테니까. 그런데 놀랍게도, 그 믹서를 살펴보다가 나는—이미 몇십 년을 사용한 뒤라 당연히 제대로 보이지는 않았지만—유리 용기 바닥에 모델명과 제조사 판매처까지 표시되어 있는 것을 발견했다. 네 자리 우편번호와 짧은 전화번호로 보아 그곳으로는 전화를 걸어볼 필요도 없었지만,* 인터넷에서 검색해보니 그 회사가 여전히 영업 중이라는 것을 알 수 있었다.

그리 큰 기대를 한 것은 아니어서 당연히 부품 교체 및 수리가 가능하며 다른 부품 역시 구할 수 있다는 말에 더욱 놀랐다. 거의 50년이나 지난 제품이었는데 말이다! 이런 회사는 지속가능한 경제를 위해 애쓴 점에서 상을 받아야 마땅하다.

다시 문제의 수영장 펌프로 돌아가 보자. 직원과의 통화에서 나는, 내가 나름대로 기술 쪽에 관심이 많은 사람이며 이 기계의 원리와 작동방식에 얼마간 감탄하고 있음을 밝혔다. 긴 통화 이후 그는 어쩌면 동료 직원에게 내 모터에 맞는 펌프로 교체가 가능한 구식 모델이 있을지도 모르겠다며 알아보겠다고 했다. 잠시 후 그 동료라는 사람이 연락을 해왔지만, 그는 안타깝게도 그 펌프는 더는 남아 있지 않다고 했다. 다시 원점이었다.

"그럼 새 모델의 펌프만 따로 살 수는 없겠소?" 내가 물었다.

"가능합니다." 그가 대답했다.

"그렇게 구입하면 값이 얼마요?"

"음…… 그렇게 하시면 1,000유로쯤 됩니다."

아무려나, 세트 전체를 사는 것보다는 저렴했다. 펌프를 직접 연결하기 위해 나는 몇 가지 정보를 더 알려달라고 했고, 거기에 필요한 호스도 함께 주문했다. 남자는 사무적인 목소리로 이것저것 알려주었다. 나를 속이는 것 같지는 않았다. 그제야 전화를 끊었다.

펌프를 수리해서 쓰겠다는 생각으로 그렇게까지 한 것이다. 결국 나는 펌프와 모터를 세트로 구입하지 않고 펌프 부분과 연결하는 데 필요한 부품만 따로 사는 데 성공했다. 호스와 죔쇠 같은 것들은 내가 직접 구할 수 있었다. 하지만 그게 다가 아니었다. 나는 건축자재상에 가서 부가적

---

* 독일은 1941년에 두 자리 우편번호를 도입했고, 1962년부터는 네 자리를 사용했으며, 통일 이후 1993년부터 지금까지는 다섯 자리 우편번호를 사용하고 있다.

으로 필요한 부품들을 직접 구하기로 했다. 새 펌프를 만든 회사 역시 분명 그런 생각을 했어야 했다.

그러나 새 모델을 만들면서 그들은 기술적으로 이해할 수 없는 이유로 호스를 연결하는 나사를 아예 바꾸어버렸다. 나사의 지름은 0.5인치도, 1인치도, 0.66인치도, 2.5인치도 아니었다. 그것은 0.75인치였다. 전화통화를 하면서도 전혀 의심하지 못했다. 건축자재상에 가서 0.75인치 나사가 있는지 묻자 다들 고개를 가로저었고, 그제야 깨달았다. 들어가는 가게마다 같은 반응이 되풀이되었다. 나사만 전문으로 취급하는 곳에서마저도 그런 나사는 구할 수가 없다고 했다.

펌프 회사가 대체 왜 그랬을까, 곰곰이 생각해보았다. 관련 자료를 뒤져본 뒤에야 나는 0.75인치 나사가 독일공업구격-DIN에 따라 만들어진 것임을 알게 되었다. 하지만 어디에도 이 나사 재고가 없다면 대체 무슨 소용이란 말인가. 게다가 내 구식 펌프는 아주 평범한 나사로 연결되어 있었다. 사실, 이 질문의 답을 모르는 것은 아니었다. 수영장용 펌프를 만드는 회사는 이런 식으로 고장 난 기계가 일반적인 부품을 이용해 정상적으로 수리되어 다시 가동되는 것을 막으려 한 것이다. 나로서는 그렇게 이해할 수밖에 없었다.

이 회사의 의도가 분명해지자, 나로서도 길을 찾아야 했다. 어떻게든 내 계획을 실행시켜야 했다. 오기가 생겼다.

그런 무리한 욕심을 가지고 찾아간 다른 특수공구상에서 한 젊은 직원이 그런 나사는 구할 수 없다고—이미 그럴 줄 알았지만—설명하는데, 나이가 좀 든 다른 직원이 불쑥 끼어들었다. 그전에 몇 번 그곳에서 물건을 산 적 있는 내게 약간의 동정심이 생긴 모양이었다. "헤클 교수님께서는 언제나 모든 걸 직접 고치려 하시거든. 그러니까 일단 한번 찾아보자고. 뭔가 방법이 없을지 말이야."

나는 다시 한번 내 문제를 자세히 설명했다. 나사를 찾고 있다, 독일공업규격에도 분명 있는데 유독 이 펌프 회사의 나사는 도무지 찾을 수가 없다, 물론 그 나사 하나만 달랑 사겠다는 것은 아니다 등등.

"그런 트릭이라면 제가 잘 알지요." 내 말을 주의 깊게 들은 직원이 말했다. "하지만 방법이 아예 없는 것은 아니에요."

"무슨 수가 있소?" 귀가 번쩍 뜨였다.

"네, 방법이 있을 것 같습니다. 뮌헨에 철물점 하나가 있는데, 전문가들만 가는 곳이지요. 거기 가려면 별도의 고객번호가 있어야 하지만, 교수님이라면 그 정도에 놀라시진 않겠지요. 거기서는 초보에게는 물건을 안 팔겠다는 건데, 교수님이야 완전 초보도 아니시잖습니까. 할인이야 못 받으시겠지만, 나사만 있다면 거기에서 정찰가에 사실 수 있을 겁니다."

당연히 가격이야 그 철물점에 못 갈 이유가 안 되었다. 나는 단지 그 별난 나사에만 관심이 있었으니까.

"그리고 오후 늦게 가시는 게 좋을 겁니다." 남자가 조 언을 덧붙였다. "오전에는 건설 회사 엔지니어들이 몰려들 거든요. 작업복을 안 입고는 직원에게 제대로 대접받기 어 려울 겁니다."

그전의 경험들 때문에 그쯤은 이미 알고 있었다. 파란 작업용 점프슈트라도 하나 장만할까 싶었다.

"고맙소!"

가게 주소를 확인한 뒤 나는 큰 목소리로 인사하고는 곧장 가게 문을 나섰다.

그의 말은 사실이었다. 그곳에서 나는 큰 어려움 없이 나사를 구할 수 있었다. 수리에 필요한 죔쇠 두 개까지 포 함해 모두 105유로였다. 부품치고는 적지 않은 돈이었다.

그렇게 필요한 부품을 모두 구하고, 영업 잘하는 그 회사의 새 펌프도 구입했다. 화창한 어느 토요일 오후, 나 는 친구와 함께 펌프 조립을 시작했다. 전기 분야의 마이스 터인 그 친구가 없었더라면 나는 분명 펌프를 제대로 연결할 수 없었을 것이다. 나에게 일단 맡겨두긴 했지만, 그는 내가 막다른 길에 부딪힐 때마다 나를 구해주었다.

직접 펌프를 고치겠다는 내 생각은, 어쩌면 반자본주의적인 태도일지도 모르겠다. 아니, 정확히 반자본주의적인 것은 아니라 해도, 어쨌든 시장경제에 반하는 태도일 것이다. 나는 펌프와 모터 전체를 교체하지 않고 고장 난 부품 하나만 바꾸려 했지만, 펌프와 모터 전체를 교체하는 쪽이 경제를 더 활성하는 행동이었을 수 있다. 하지만 그랬다면 자원을 더 낭비했을 테고, 무엇보다 그만큼 많은 일을 경험하지는 못했을 것이다.

부품을 하나씩 교체할 경우 고려해야 할 점은, 하나의 기계에 쓰이는 여러 부품들의 사용 빈도가 각각 달라서 최적의 조건에 따라 어떤 기계를 만들 때 각 부품의 수명 역시 거기에 맞춰진다는 점이다. 예를 들어 자동차의 안개등은 헤드라이트나 상향등보다는 당연히 더 적게 사용되고, 헤드라이트와 상향등 역시 사용 빈도가 서로 다르다. 그러므로 여러 기술이 다양하게 쓰이는 제품들의 수명을 획일적으로 제한하지 않고 여러 부품의 사용 정도를 가능한 한 정확하게 계산하고 고려하는 것이 소비자들은 물론 국민경제와 환경에도 이익일 것이다. 그러니까 제품이 수명을 다해 어딘가 고장 난다고 하면, 최대한 여러 부품의 기능이 동시에 다하도록, 부품 하나가 너무 일찍 고장 나 기계를 못 쓰게 되는 바람에 멀쩡하게 작동하는 다른 부품들까지 한꺼번에 버려지는 일이 없도록 해야 한다. 이것은 최적화된 제품을 만들고자 하는 기술자들에게 가장 큰 문제 가운데 하나다.

그러므로 분명히 해두어야 할 것은, 20년간 아무 탈 없이 작동한 펌프를 제조사가 그전 모델보다 더 나은 점이 하나도 없는 다른 모델로 바꾸면서 그전 펌프와 호환도 되지 않게 만들었다면, 이는 곧 기형적인 시장경제의 본보기가 될 수도 있다는 점이다.

핸드폰을 충전할 때 쓰는 다양한 모양의 커넥터만 생각해봐도 그렇고(예를 들면 아이폰5의 충전기는 시장에 나와 있는 대부분의 커넥터와 호환되지 않는다), 스카시SCSI, 유에스비USB, 파이어와이어Firewire, 선더볼트Thunderbolt 등 수없이 많은 데이터전송 케이블 규격도 마찬가지다. 오늘날 우리는 늘 무언가 배터리를 충전해서 쓰곤 하지만, 유감스럽게도 기기마다 모두 다른 충전기를 사용하고 있다. 최소한 EU 내에서라도, 적어도 같은 부류의 제품들에 대해서는 단일 규격의 충전기를 사용하도록 만들었어야 했을 테지만, 그런 이야기는 들어본 적이 없다. 나 역시 십여 개의 충전기를 가지고 있다. 심지어 한 업체에서 만든 여러 세대의 노트북조차 매번 새로운 연결장치를 사용하고 있는데, 이것은 최신 유행과도 거의 상관이 없어 보인다. 이는 데이터전송 속도는 개선하면서도 전 모델과의 호환은 불가능하게 함으로써, 소비와 경제를 활성화시키려는 목적인 것이다.

하드웨어의 짧은 수명은 예견되어 있었다

지금까지 사용해오던 백열등의 판매 금지, 그리고 백열등보다 효율이 뛰어난 에너지 절약형 조명의 사용에 대한 규정은 입법부가 과감하게 개입한 사례다. 이때 주목해야 할 점은, 에너지를 아끼는 것이 당연히 옳은 일이라는 점이다. 다만 문제는 입법부에서 다소 엉뚱한 지점에서 시작한 게 아닌가 하는 점이다. 물론 백열등이 소모된 전기의 90퍼센트가 열로 바뀌기 때문에 당연히 열을 발생시키기는 해도 가정용으로 겨울에만 쓰일 뿐, 그다지 효율적인 전열기구가 아닌 것은 사실이다. 하지만 부분적으로 중금속이 들어 있는 에너지 절약형 조명등을 제조하는 과정이나 이를 재활용하는 과정이 어떻게 이루어지는지가 투명하지 않은 것도 사실이다. 어쨌든 기술을 이용한 제품들의 제조와 사용기한 그리고 폐기에 이르기까지 전체적인 사이클에 대해 다양한 각도에서 분석해보면 다양한 수치들을 얻을 수 있을 것이다.

　그런데 적어도 한 가지 분명한 건, 새로운 조명기기가 백열등보다 판매가가 훨씬 더 비싸다는 점이다. 이는 오직 제품의 수명이 더 길고 에너지를 더 적게 사용한다는 점으로만 정당화될 수 있다. 여기에는 물론 제조와 폐기에 따르는 환경부담금 역시 포함되어야 한다. 현재 독일에서 조명에 드는 에너지 비용은 전체 에너지 수요의 1.5퍼센트 정도밖에 안 되는데, 지금은 거의 사라지고 있는, 에너지 효율이 좋지 않다는 백열등이 소모하는 에너지로 따져도 그 정도다. 그리고 보면 이는 마치 어딘가에서 아무리 싸우고 있다 해도 풍차를 향해 달려드는 돈키호테를 떠올리게 한다. 에너지를 더 절약할 수 있는 다른 방법이 분명 있을 테니 이 문제는 냉정하게 살펴보아야 한다. 다들 알다시피 더 효율적인 난방설비와 단열, 그리고 전기와 열을 병합 생산하는 새로운 방법들을 통해 에너지를 더 많이 절약할 수 있으니 말이다.

　할로겐전구를 상용화하는 방법 역시 생각해볼 수 있다. 할로겐전구를 쓰면 백열전구보다 전력소비량을 30퍼센트 줄일 수 있지만, 이 역시 2016년에는 사용이 금지된다.* 그렇다면 LED 조명은 어떨까? 어쩌면 이것이 미래의 조명일 수도 있다. 아무렴 아주 멋진 기술인 것만은 틀림없다. LED 조명은 기존의 백열등보다 에너지를 훨씬 더 적게 소모한다. 발열 및 발광과 관련해서는 어쨌든 그렇다. 그러나 LED 조명 역시 내 생각에는 재료 전체의 사이클링에 대해서는 충분히 주의를 기울이지 않은 듯하다. 물론 LED 조명이 결국 대세가 될 것 같기는 하지만 말이다. 문제는 조명기구를 사용할 때 드는 에너지 소비만이 아니다. 각각의 조명기구를 만들 때 드는 에너지가 어느 정도인지, 또 폐기할 때는 어떠한지도 함께 고려해야 하며, 절전램프의 경우 수은 처리는 어떻게 해야 하는지도 생각해야 한다. 단순히 전기 소비만을 따진다면 전체적인 에너지 효율과는 전혀 다른 양상을 보일 것이다.

백열등도 나름의 역사를 가지고 있다. 백열등은 일종의 의도적 노후화의 가장 잘 알려진 한 예로, 사람들 사이에서 자주 이야기되곤 한다. 1950년대, 전구를 만드는 회

---

* EU는 친환경 및 에너지 절약정책의 일환으로 전력소비량이 높은 전구 판매를 점진적으로 금지해왔다. 백열전구 판매는 2012년 9월 1일부로, B등급 미만 할로겐전구는 2016년 9월 1일부로 전면 금지되었고, 2018년 9월 1일부터는 모든 등급의 할로겐전구가 판매 금지되었다.

사들 사이에서는 한 가지 음모론이 돌았는데, 이것은 이른 바 퓌부스카르텔Phoebuskartell*이라는 이름으로 기록에 남아 있다. 사건은 제조업자들이 은밀하게 만나면서 시작된다. 이 모임에서 그들은 전등이 타는 시간을 바꾸기로 합의했다. 전등이 그렇게 오래갈 필요는 없다고 생각한 그들은 결국 전등을 팔려고만 했을 뿐 '영원히 타오르는 빛'을 만들 생각은 없었던 것이다. 그렇게 수명이 긴 백열등의 죽음이 결정되었고, 그들은 전등의 수명을 2,500시간에서 1,000시간으로 줄였다. 하지만 담합은 곧 발각되었고, 전등의 의도적 수명 단축은 법으로 금지되었다. 그러나 필립스, 제너럴 일렉트릭, 오스람 같은 회사들은 실제로 수명이 짧은 전등을 만드는 관행을 완전히는 바꾸지 않았다. 이들은 과거 카르텔을 형성했을 때와 비슷하게, 비공식적인 협정을 통해 얼마나 많은 돈을 벌 수 있을지 직감적으로 알 수 있었다. 반면 지금도 교통신호등이나, 접근이 어렵거나 보안상 필요한 곳에는 수명이 수천 시간 이상인 특수전구를 구입할 수 있다는 점은 한번쯤 생각해보아야 할 것이다.

현재도 사용되고 있는 가장 오래된 전구는 미국 캘리포니아주 리버모어시 소방서에 있는 것으로, 100년 넘도록 불을 밝히고 있다. 더 정확하게는 1901년부터 거의 쉬지 않고 불을 밝히고 있다고 한다. 단 한 번, 1976년 소방대가 새

건물로 이사하는 사이 잠깐 꺼졌을 뿐이다. 이 리버모어의 전구는 사실 성능이 매우 좋지 않다. 그래서 고열에 잘 견디는 텅스텐으로 필라멘트를 만들었고, 덕분에 오히려 빨리 끊기지 않고 끝까지 불을 밝히고 있는 것이다. 더 약한 전류를 흘려 보내면 전구는 덜 뜨거워지고 그만큼 오래간다. 이때 발생하는 빛은 열의 방출에 비하면 당연히 더 적어지며, 이로 인해 색채 스펙트럼은 흰색 빛에서 더 따뜻한 빛인 붉은색 쪽으로 이동한다.

물리학자이자 언론인인 안드레아스 히르슈타인An-dreas Hirstein 박사는 2013년 1월 스위스의 일간지 〈노이에 취르허 차이퉁Neue Zürcher Zeitung〉에서 의도적 노후화를 두고 소비 비판에 대한 현대판 풍문일 뿐이라 했다. 당시는 녹색당에서 발표한 한 보고서에서부터 랑가 요게슈바르의 과학 프로그램 〈쿼크 입자와 그 친구들Quarks & Co.〉에 이르기까지, 의도적 노후화에 대해 한창 이야기하고 있을 때였다. 신문에서 박사는 이렇게 언급했다. "100와트짜리 전구를 60와트 전구가 내는 정도의 빛만 내도록 하고 쓰면 10,000시간 동안 사용할 수 있지만, 이때 전기는 78와트

---

* Phoebus는 '빛'을 뜻하는 그리스어 phoibos에서 온 말로, 그리스 신화의 태양신 아폴론의 별칭이기도 하다.

나 소비된다. 이는 생태학적인 실패이자, 고객들에게는 경제적으로 큰 손실이다."

고객들 입장에서 보면 틀린 말이 아니지만, 이는 경제학적으로도 따져볼 필요가 있다. 그러니까 그 외에 드는 비용까지 모두 포함시켜보아야 한다는 말이다. 간단하게 살펴보면, 위의 예에서처럼 100와트 전구를 가지고 60와트 전구와 같은 밝기를 얻으려 한다고 했을 때, 10,000시간 사용할 경우 전구는 일반적으로 수명이 1,000시간인 전구 10개가 아니라 하나만 있으면 된다. 그러니까 전구 1개당 2유로라 했을 때, 2유로에 100와트짜리 전구 1개를 사는 것이 아니라, 같은 밝기의 60와트짜리 전구 10개를 사고 20유로를 지출해야 한다. 여기에 전기요금까지 살펴보면, 100와트짜리 전구를 78와트로 낮추어 10,000시간을 쓸 경우 전기요금으로 (킬로와트당 25센트라 했을 때) 195유로를 내야 한다. 그러니까 60와트 전구 10개를 1,000시간씩 사용할 때보다 45유로를 더 지출해야 한다. 이는 당연히 전구를 구입할 때 18유로를 아끼는 것보다 남는 장사가 아니다. 그러나 더 고려해야 할 점이 아직 남아 있다. 전구를 열 배나 더 생산하는 일이 경제학적으로, 또 환경문제 차원에서 얼마나 비용을 발생시키는가 하는 것이다. 이를 정확하게 계산해내기란 쉬운 일이 아니다. 물 같은 원자재나 제조에 들어가는 에너지, 수송, 보관, 판매 및 영업에 들어가는 비용, 제조과정 및 폐기와 재활용 과정에서 나오는 이산화탄소 배출 비용, 쓰레기 처리장의 건축 및 설비에 들어가는 비용 등을 어떻게 산정할지가 문제이기 때문이다. 위의 사례에서 전구 9개를 더 구입했을 때 추가로 지출해야 할 비용이 27유로보다 많아진다면 100와트 전구의 와트 수를 낮추어 켜는 편이 (전구를 바꿔 끼우지 않아도 된다는 점은 제외하더라도) 오히려 의미 있을 것이다. 또 하나 가능한 대안은, 전구를 만들 때 좀 더 굵은 필라멘트를 사용하는 것이다. 물론 이때는 재료비가 소폭 상승하겠지만, 결과적으로는 정상적으로 전구를 사용한다면 수명이 훨씬 더 길어질 것이다.

이런 식으로 계산을 할 때 분명히 해야 할 것은, 전구의 수명이 우연이라고 할 수만은 없다는 점이다. 물론 전체 비용을 모두 따져볼 수는 없었지만, 전구의 수명은 한편으로는 산업정책이 만들어낸 의도적인 결과의 산물이다. 실제로 이와 관련해 전체 비용을 계산하는 것은 훨씬 더 복잡하며, 어쩌면 불가능할 수도 있다. 그렇다면 다른 제품의 경우는 어떨까?

기본적으로 어떤 기기를 만들 때 일정 기간이 지나면 작동을 멈추는 부품을 사용하는 것은 일종의 관행이다. 비록 수명이 더 긴 부품을 사용할 수 있다 하더라도 말이다. 인간이 만든 모든 기기와 부품에는 일정한 수명이 있다. 이는 전혀 새로울 게 없는 사실이다. 수백만 년 이어진 선사 시대 석기들에서부터 수천 년간 바위에 새겨져 있던 상형 문자들, 100년이 지나도록 작동되는 질 좋은 저항-콘덴서 회로가 장착된 단파·중파·장파 라디오, 2년짜리 배터리로 작동하는 핸드폰에 이르기까지 기기들의 수명은 매우 다양하다. 중요한 것은, 제품을 디자인할 때부터 수리가 유효한 일정 시점까지 합당한 비용으로 제품을 고쳐 쓰는 것이 가능하도록 하는 방안을 마련하고 있는가 하는 점이다. 어떤 제품을 만들든 우리는 기술의 진보가 가져다주는 장점을 적극적으로 활용하는 동시에, 재활용 가능성과 지구의 자원 상황 및 생태와 에너지의 전체 균형을 고려해야 한다. 물론 간단한 일은 아니다. 하지만 우리가 할 수 있는 일이다.

소프트웨어의 수명도 '한시적'이다

어떤 제품의 수명을 놓고 협상을 하는 것은 비단 식료품이나 전구, 세탁기 같은 하드웨어에만 해당되는 이야기는 아니다. 소프트웨어 역시 더 나을 것이 없다. 컴퓨터 관련 분야에서는 종종 부당한 수요를 만들어내는 것이 아주 정상적인 일처럼 보이기도 하는데, 이는 소프트웨어와 하드웨어 제조업자들이 협업한 결과다. 소프트웨어 제조에 종사하는 사람들은 늘 자기 제품의 기능을 조금이라도 더 늘리려 하는데, 그러다 보니 낡은 컴퓨터의 램RAM이나 처리 속도로는 이를 더 감당하지 못하게 되어버리고, 결국 사용자들은 금세 짜증을 내며 새 컴퓨터를 사야겠다 결심하게 된다. 나 같은 소극적인 사용자들은 대체 왜 계속해서 새로운 텍스트 작업용 소프트웨어가 버전업 해서 다시 나오는지 이해가 안 되지만 말이다.

용량이 더 큰 램이 필요하다고, 그러면 모든 게 더 빨라질 거라고들 한다. 그렇다고 지난 몇십 년간 내 타이핑 속도가 그만큼 빨라진 것도, 내 생각이 더 빨라진 것도 아니다. 그런데 내가 왜 여러 기능이 더해진 새 프로그램을 내려받고 또 업데이트해야 하는가? 이런 경우 하드웨어 판매업자는 소프트웨어 판매업자와 연대하거나, 이들이 같은 회사인 경우도 드물지 않다. '더 큰 메모리와 더 빠른 프로세서가 필요해지도록 프로그램을 더 과장하라'는 것이 이들의 슬로건이다. 구매자들이 새 워드 프로그램을 설치하고 나면 갑자기 컴퓨터가 몹시 느려진다. 어쩔 수 없이 더 빠른 프로세서가 장착된 새 컴퓨터를 살 수밖에 없도록 만드는 것이다. 그렇게 했을 때 고객 한 사람으로서 나는 그다지 덕을 본 적이 없다. 오히려 내 돈을 지출함으로써 다른 사람에게 돈을 벌게 해주었으며, 컴퓨터 쓰레기를 만들어내고 말았다. 물론 그동안의 발전은 충분히 의미 있다. 나의 첫 피시였던 싱클레어 ZX 80으로 작업하려는 사람은 이제 없을 것이다. 하지만 다른 기능은 전혀 쓰지 않고 오직 텍스트를 작성하고, 편집하고, 수정하고, 저장하고, 마지막으로 인쇄하는 작업 정도만 하려는 사람의 입장에서는 컴퓨터 프로그램의 기능이 많아지고 각종 기능 키의 위치가 자꾸 바뀌면 작업이 더 복잡해지기만 할 뿐이다. 워드 프로그램만 해도 도구상자 위치가 계속해서 바뀌는데, 왜 그렇게 하는 건지 나로서는 도무지 알 수가 없다.

잠깐 하드웨어로 돌아가 보자. 인터넷에서 떠돌던 말 가운데 특정 게임기에서 나타나는 오류를 일컫는 '죽음의 노란 불Yellow Light of Death'이라는 말이 있다. 플레이스테이션3에서 나타난 이 증상은 재료 피로화로 인한 오류로, 두 가지 현상으로 나타난다. 특정 시점부터는 게임기가 켜지지 않는 것, 그리고 디스크를 꺼내려 해도 기기가 디스크를 뱉어내지 못하는 것이다. 제조사인 소니는 '노란 불'이 들어오는 것을 근거로 삼아 사용자에게 잘못이 있다고 했으나, 이용자들에 따르면 이러한 오작동은 처음부터 기기

자체에 숨겨져 있었다. 특정 시점이 되면 플레이스테이션3 내부의 무언가, 즉 보드가 망가져 게임기가 멈추어버리는데,* 이로 인해 기기의 수명이 다했음을 나타내는 '죽음의 노란 불'이 들어오게 된다는 것이었다. 이용자들 말에 따르면 게임기의 보증기간인 1년이 지나자마자 그런 결함이 수차례 반복되어 나타났음에도 제조사는 '제조상의 결함'이 아니라고 반박했고, 이 사건은 깨끗하게 해결이 되지 않은 채 마무리되었다. 소비자들로서는 이러한 결함이 처음부터 게임기에 내재되어 있었음을 어떻게든 밝히고 싶었을 것이다.

최근 몇 달간 많은 신고가 이어졌던 한 잉크젯 프린터는 매우 주목을 받은, 아주 명확하게 정리된 드문 사례다. 제조사는 프린터에 인쇄 매수를 카운트하는 칩을 장착한 듯 보였다. 일정한 분량을 인쇄한 뒤부터 프린터에는 '인쇄 용지 걸림'이라는 오류 메시지가 떴으나 종이는 아무 이상이 없었다. 작은 종잇조각 하나 걸린 곳이 없었다. 얼핏 사소해 보이는 이런 결함은 금방 해결되리라고 생각하겠지만, 보고에 따르면 이는 오산이다. 제조사 역시 이러한 결함에 대해 정확하게 설명하지 못했다. 어떻게든 이 문제를

---

* 우리나라에서는 이러한 현상을 '보드크리'라고 불렀다.

해결하려는 이들이 들은 이야기라곤, 수리하는 것보다 차라리 새 프린터를 사는 것이 더욱 합리적일 거라는 말뿐이었다. 실제로 새 모델이 그전 것보다 더 싸기도 했다. 사실 굳이 새 프린터가 더 싸서라기보다, 어차피 그전 것은 이미 쓸 만큼 쓰지 않았는가?!

이와 비슷한 문제들은 카메라에서도 보고되었는데, 일정 횟수 이상 사진을 찍은 뒤에는 셔터가 말을 듣지 않는다는 것이었다. 각종 온라인 커뮤니티에서 관련 사례들은 얼마든지 찾아볼 수 있으나 정확하게 밝혀진 경우는 거의 없다.

수리 불가능한 일체형 디자인

아무려나, 요즘은 점점 더 기기와 배터리가 '일체형'으로 만들어져 수리가 불가능해지는 쪽으로 가고 있는데, 이것은 바로 제품의 수명이라는 주제와 관련된 다음 문제와 맞닿아 있다. 핸드폰이나 전동칫솔 배터리가 고장 나면 사람들은 대개 핸드폰과 전동칫솔을 곧장 쓰레기통 속으로 던져버릴 테니까.

딸아이가 자기 전동칫솔이 이제 충전되지 않는다고 하길래, 그것을 자세히 들여다보았다. 칫솔모 아래쪽 덮개에 나사가 하나 있어서 나사를 풀기만 하면 배터리를 꺼낼 수 있을 줄 알았다. 하지만 나사를 풀고 나서도 1.5볼트짜리 배터리를 꺼낼 수 없었다. 믿을 수가 없었다. 기어이 배터리를 교체하겠다고 하면 칫솔을 톱으로 자르는 수밖에 없었다. 이 문제를 기록해두기 위해 사진을 한 장 찍은 다음 칫솔 회사의 핫라인으로 전화를 걸었다. 담당자는 칫솔 배터리를 교체하려는 것은 부질없는 헛수고임을 알려주었다. 그러면서 만약 칫솔이 분해하지 않은 3년 이내의 제품이라면 교체해줄 수 있다고 했다. 하지만 그렇게 한다고 해도 그들은 배터리를 새것으로 바꿔주는 것이 아니라 칫솔을 통째로 전자 폐기물로 처리하고 새 칫솔을 보내줄 것이다.

화가 났다. 대체 왜 이런 일에 문제를 제기하는 소비자는 얼마 안 되는 걸까? 이런 경험을 하는 소비자가 나 하나만은 아닐 텐데 말이다. 내 머릿속에는 수천 명이 각자 칫솔을 든 손을 아래위로 흔들며 길거리 시위를 하는 모습이 그려졌다. 하지만 실제로 우리는 수명이 짧은 제품들에 이미 너무 많이 익숙해져 있다. 휴대폰을 2년 넘게 (혹은 약정 기간 이상) 쓰다 보면 우리는 어느새 이제 새 모델이 나올 때가 되지 않았나 생각한다. 소비는 물론 즐겁다. 새 물건은 생각만 해도 신이 난다. 새 휴대폰 자체가 나쁜 것도 물론 아니다.

진공청소기를 쓸 때도 우리는 전동칫솔과 비슷한 난관에 맞닥뜨리게 된다. 청소기 속으로 들어가 볼 수는 없으니까. 자동차 헤드라이트 역시 언젠가부터 소비자가 직접 전구를 교체할 수 없게 되어버렸다. 모든 부품이 하나로 붙어 있어 언제나 새 물건을 살 수밖에 없는 것이다. 최근에는 한 지인이 편지를 보내왔다. "뭘 만드는 거라면 나 역시 누구에게도 뒤지지 않는 사람이었다네. (……) 집에는 납땜용 전기인두가 거의 언제나 켜져 있었지. 하지만 이제는 작업을 할 수가 없게 되었다네. '표면 실장surface mounted' 칩이며 다른 부품들이 모두 그렇게 딱 달라붙어 있으니까 말이야. 1960년대만 해도 지멘스의 오래된 흑백텔레비전은 보증기간이 끝나고 나면 거의 6개월마다 다른 문제가 생기곤 했지. 10년쯤 지나고 나면 브라운관과 채널을 선택하는 키패드를 빼면 원래 부품은 거의 하나도 남아 있질 않았어. 하지만 그때 난 뭐든 고칠 수 있었지. 부품을 파는 가게들도 많았고 말이야."

시대는 변하고 있다. 특히 디자인 일체형 제품을 통해 시장을 장악하고 있는 애플의 영향이 크다. 애플 제품의 경우 사람들은 수리하겠다는 생각을 거의 하지 못한다.

의미 있는 혁신도 물론 있겠으나, 그렇지 못한 경우도

적지 않다. 하지만 이는 보편타당한 답변이 가능한 질문이 아니다. 한쪽에서 "그게 필요하다"라고 말하면, 다른 쪽에선 그만하라는 듯 손사래를 친다. 분명한 건, 디지털카메라가 누구에게나 필수품은 아니라는 점이다. 물론 나 역시 석기시대로 돌아가겠다는 것은 아니다. 다만 나는, 어떤 제품을 더 소중하고 조심스럽게 다루었으면 하는 것이다. 우리는 이 물건들을 고치고 재활용할 수 있게 될까? 이 발전의 끝은 언제일까? 이런 소비들이 계속되어 결국 환경자원을 손상시키는 결과만을 가져오게 된다면, 부차적인 개선안들이 정말 필요한 것일까? 모든 것을 더 신중하게 검토해보아야 한다. 발전과 성장, 복지, 미래 가능성의 관계를 이해하고 교육해야 한다.

산업은 우리 소비자를 수동적인 존재로 만들려 하기 때문에, 그 안이 보이지 않도록 물건들을 점점 더 꽁꽁 싸버린다. 산업 디자인의 역사를 살펴보면 이를 뚜렷이 알 수 있다. 과거의 디자인은, 예를 들면 나사 하나도 누구나 쉽게 알 수 있는 자리에 놓이도록 하는 것이 목표였다. 그 나사의 기능이 무엇인지 누구라도 금세 알 수 있었다. 의료용 석영등, 전등, 헤어드라이어 따위의 조절 기능이 제대로 작동하지 않으면, 축을 잘 살펴본 다음 나사 몇 개를 풀어 조절나사만 돌려주면 어느 정도는 문제를 해결할 수 있었다.

각자 책상 위의 스탠드를 한번 살펴보라, 나사가 하나라도 눈에 띄는가? 이 나사들이 노트북 컴퓨터처럼 저 멋진 디자인으로 완전히 통합되어 있어서, 이제 그것이 뭔가 다른 기능을 한다는 생각조차 할 수 없게 되지는 않았는가? 이런 일체형 기기들은 수리 전문점에서도 큰 골칫거리다. 지금도 그렇지만, 얼마 전 나는 이런 상황과 정반대되는 경험을 했다. 텔레풍켄Telefunken*이 만든, 50년 넘은 라디오의 진공관 하나가 고장 났는데 그것을 교체한 것이다. 뷔어클린Bürklin**의 카탈로그에서 이 진공관을 발견하고는 얼마 지나지 않아 아무 문제 없이 제품을 주문하고는 얼마나 기뻤는지! 물론 오랜 재고 상품이었고, 요즘은 아무도 그런 라디오 진공관을 만들지 않지만 말이다.

　　또 하나 유감스러운 것은, 요즘 전자제품들에는 회로도가 거의 들어 있지 않다는 점이다. 회로도 역시 어떻게 수리할 수 있을지 참고할 수 있는 좋은 자료인데 말이다. 예전에는 전자제품뿐만 아니라 의류나 가구 역시 물건을 살 때부터 어떻게 수리·수선할지를 고민했다. 그것은 제품 디자인의 일부이자 제품 역사의 일부였다. 예를 들면, 한때 크벨레Quelle***의─결국 2009년 부도가 나고 말았지만─모든 카탈로그에는 재봉틀이나 세탁기가 고장 났을 때 문의할 수 있는 수리안내센터의 전화번호와 주소가 정리되어 있었다. 리스트를 확인하고 전화를 걸면 어떤 지정 수리점에 보내야 제품을 수리받을 수 있는지 안내받을 수 있었다. 제품의 수리는 매우 중요하게 받아들여졌고, 이때 소비자들은 튼튼한 제품을 구입했다고 느낄 수 있었다. 제품은 언제든 고장 날 수 있었지만, 그때마다 얼마든지 고칠 수도 있었기 때문이다.

요즘 제품들에 역시 거의 제공되지 않는 것 가운데 분해도가 있다. 이는 제조사의 수리 의지가 없음을 보여주는 또 다른 징표다. 예전에는 각 부품이 어느 위치에 놓이는지 전체를 조감할 수 있는 배치도를 거의 모든 제품 상자에서 찾을 수 있었다. 어떤 제품이 어떻게 구성되어 있으며 또 어떻게 작동하는지 알기 위해서는 꼭 필요한 것이었다. 보조 엔진이 달린 내 자전거의 조립도는 무려 20쪽짜리 소책자로 되어 있는데, 거기에는 고장이 나서 새 부품이 필요할 경우를 대비해 나사와 철판, 케이블, 전구에 이르기까지, 모든 부품에 주문번호가 적혀 있다.

---

* 1903년에 설립되어 1950~1960년대를 풍미한 독일의 가전 업체.
** 전기·전자 부품을 전문으로 판매하는 대형 업체.
*** 독일의 대표적인 통신판매 업체.

요즘은 보통 DIY 가구에만 조립매뉴얼이 제공되는 정도인데, 실제로는 널빤지와 나사 등 이미 한 세트로 정리된 구성품들을 하나의 책장으로 조립할 때 쓰이는 정도가 보통이다. 이미 오래전에 레오나르도 다빈치가 아주 미학적인 방식으로 완성한 바 있는 분해조립도는 조립매뉴얼일 뿐 아니라 사용안내서의 일부이기도 했다. 이런 도면을 통해 우리는 어떤 사물의 구성과 짜임새를 정확하게 이해할 수 있으므로, 이는 우리에게 직접 뭔가를 고칠 기회가 되기도 한다. 나사마다 일일이 번호가 붙어 있는 경우도 종종 있어서, 소비자들은 문제가 생겼을 때 어떤 나사를 주문해야 하는지 어렵지 않게 알 수 있었다.

청소년 시절 나는 매우 상세하게 그려진 도면들을 통째로 외워버리곤 했다. 그렇게 하다 보면 진공청소기나 핸드블렌더 같은 기계의 작동방식을 이해할 수 있었고, 각 부품에 대한 기술적인 개념까지도 알 수 있었다.

요즈음 유행하는 디자인 일체형의 멋진 제품에 드라이버를 들이댈 생각을 하는 사람은 거의 없을 것이다. 아이팟을 드라이버로 열어볼 생각은 하지 않는 게 좋다. 괜히 제품 표면만 긁어놓을 테니까. 굳이 열어보려면 거기에 맞게 제작된 도구를 이용해야 한다. 제품의 내부를 어렵지 않게 들여다보고 또 그 기능을 짐작하는 일이 디자인 때문에 불가능하게 된다면, 이 또한 우리 인간의 손으로 직접 만든 물건으로부터 소외되는 일일 것이다.

쓰고 버리는 사회, 그 대가는 누가 치르고 있는가

짧은 제품 수명, 대량생산, 저렴한 가격의 전제 조건은 넉넉한 자원이다. 그러기 위해서는 어떻게든 많은 자원을 끌어모아야 하는데, 문제는 그뿐만이 아니다.

이런 무분별한 자원의 남용이 어떤 결과를 가져오는지 한 가지 사례를 통해 잠깐 살펴보자. 2012년 방글라데시의 수도 다카에 있는 한 의류 공장에서 노동자 100여 명이 숨지는 일이 있었다. 그들은 모두 불에 타 죽었다. 화재의 원인은 정확하게 밝혀지지 않았지만, 전선 불량 때문인 것으로 추측되었다. 이 화재 사고는 노동자들이 일하던 의류 공장의 안전기준에 대한 주의를 환기시켰을 뿐 아니라, 보통은 숨겨져 있던 어떤 진실을 드러나게 했다. 그곳에서는 몹시 비인간적인 환경에서 제품이 만들어지고 있었던 것이다. 그보다 두 달 앞서 파키스탄 카라치의 의류 공장에도 불이 났는데, 한 의류 할인점에 납품할 진 제품들을 생산하던 이 공장의 화재로 300명이 넘는 노동자들이 목숨을 잃었다. 이러한 재앙은 여기에서 그치지 않는다. 독일의 거의 모든 의류 업계는 더 싼 비용으로 제품을 생산할 수 있는 나라들로 공장을 옮겼다. 하지만 그 대가는 누가 치르고 있는가?

거의 대부분 인건비 때문인데—유럽에서라면 그런 조건에는 누구도 일하지 않을 것이다—이런 공장에서는 공간 비용을 줄이기 위해 좁은 공간 안에 노동자들을 최대한 많이 몰아넣었다. 그렇게 다카의 타즈린Tazreen 패션 건물에 화재가 발생했을 때 비상구는 턱없이 부족했고, 노동자들은 화마에 갇힌 채 그 안에서 목숨을 잃고 말았다.

독일연방통계청에 따르면 2011년 독일의 의류 수입액은 총 28억 유로였다. 이렇게 어마어마한 물량의 제품들을 싼값에 살 수 있는 까닭은, 인간과 자원이 수탈되고 환경이 오염되는 현실에 우리 모두 침묵하고 있기 때문이다.

이러한 아웃소싱의 더 큰 문제점은 다음 세대의 능력이 정체될 수 있다는 것이다. 현재는 전문 인력이 심각하게 부족한 시대다. 문제는 여기에서 끝이 아니다. 예를 들어 슈바인푸르트를 거점으로 한 피히텔&작스Fichtel & Sachs의 제품들은 한때 우리의 일상이었다. 이 회사에서 만드는 모터는 아이들까지도 모두 알았다. 1903년 코스터브레이크*를 장착한 '어뢰Torpedo'라는 이름의 프리휠 허브free-wheel hub를 개발하면서 작스 자전거는 승리의 행진을 이어나갔다. 어떤 제품에 대한 이런 이미지가 우리에게 공통적으로 남아 있는 경우는 이제 없다. 자전거 축의 구조에 관심을 가지는 아이들은 이제 거의 없기 때문이다.

위대한 혁신과 창의적 아이디어가 여전히 서양의 문화에서 나온다고들 주장하지만, 숙련공과 엔지니어들이 계속 이렇게 줄어든다면, 앞으로도 과연 그럴까 의심스러울 따름이다. 실제 소비자들이 살고 있는 나라에서 제품을 생산할 때 장점은 제3세계, 제2세계의 노동력을 착취하지 않아도 된다는 것뿐만이 아니다. 제조 기술자와 사용자의 거리가 가까우면 소비자와 긴밀하게 접촉할 수 있다. 이는 제품 개선을 위한 가장 좋은 조건이기도 하다.

효율성을 높이고 더 값싼 재료를 쓰면서 우리 사회는 점점 더 쓰고 버리는 사회로 변해가고 있다. 이런 사회는 수명이 긴 제품을 더는 가치 있는 물건으로 받아들이지 않고, 고쳐 쓰는 것 또한 무의미한 태도로 간주해버린다. 이제 막 진행되고 있는 리페어 운동은 이러한 문제점에서 출발한다. 이 움직임에는 수제품에 대한 향수와 함께 비판적 소비에 대한 생각들도 섞여들고 있다.

---

* 자전거 제동기의 하나로, 뒷바퀴에 달고 페달을 반대 방향으로 밟아 자전거를 멈추게 한다.

○

세상이 그대 손안에 있다

새로운 물결은 이미 시작되었다

리페어 운동은 여러 힘을 추동하는데, 최근 일어나고 있는 움직임 가운데 레트로에 대한 트렌드 역시 어떤 역할을 하고 있는 듯 보인다. 시디플레이어가 아니라, 턴테이블에 LP로 음악을 들으려는 젊은이들이 점점 늘어나고 있다. 이 것은 일종의 막연한 '향수'일 테지만, 그럴만한 다른 이유가 있기도 하다. 시디플레이어는 한번 고장이 나면 수리하기가 무척 어렵기 때문이다. 한데, 턴테이블 쪽은 좀 다르다. 턴테이블을 다시 돌아가게 만들기란 물론 그리 쉬운 일이 아니다. 하지만 문제가 생기면 각종 전자제품과 끈질기게 씨름해온 50대 이상 세대의 노하우에 기대볼 수 있다.

독일에는 그런 나이 많은 애호가들이 많다. 게다가 젊은 세대 역시 제 손으로 직접 무언가를 만들고 고치는 데 도움이 될만한 수많은 유튜브 영상들을 찾아볼 수도 있다. 그 영상들을 통해 상상 가능한 거의 모든 전자제품의 수리법을 배울 수 있는 것이다.

잘 살펴보면 새로운 리페어 컬처, 스스로 해보기 운동의 단서는 곳곳에서 발견할 수 있다. 제조와 유지·보수는 서로 떨어질 수 없는 하나이기 때문이다. 스스로 뭔가를 만든 사람은 어떤 물건이 고장이 났을 때 그냥 다른 물건으로 대체하려 하지 않고, 직접 자기 손으로 다시 고쳐 쓰고 싶어 한다(수리하는 쪽이 경제적으로 유리하지 않다고 해도 마찬가지다. 중요한 것은 경제적 이익을 각자가 어떻게 규정하는가다. 또 거기에는 경제적 요소만이 아니라 정서적 이유도 강하게 작용한다). 아직은 이를 위한 아름다운 꽃밭이 다 가꿔진 상태가 아니다. 하지만 그 씨는 뿌려져 있다.

리페어 카페, HUIJ, HEi, 아트락토어, FabLab 같은 곳은 미래의 산업 사회를 위한 하나의 모델을 제시하고 있다. 한정된 자원을 미래에 어떻게 다룰 것인가 하는 문제에 대한 타당한 답은 확언컨대 하나만 있지 않다. 예를 들면 우리가 다시 나눔을 배우는 일이 중요해질 수도 있다. 공유

경제 운동이 앞으로 나아가고 있다. 이 개념은 이미 1980년대에 미국의 경제학자 마틴 와이츠먼Martin Weitzman 교수가 창안한 것으로, 그는 공구에서부터 너무 작아 못 입는 아이들 옷을 거쳐 식료품에 이르기까지 나눔의 원칙을 생각 가능한 모든 삶의 재화에까지 확장했다. 여기서 중심에 있는 사상은 물건을 더는 재산으로 보지 않고 일정 기간 보유하는 것으로 보는 생각이다. 현대의 카 셰어링 운동을 생각해보라. 곳곳에서 이런 운동이 생겨나고 있다. 아니면 카우치서핑Couchsurfing 같은 주거시설 나눠 쓰기 모델을 떠올려도 좋다. 물건을 빌려준다고 생각하면, 사람들은 그만큼 내구성이 높고 수리 가능한 제품을 더 중요하게 생각하게 될 것이다.

이런 개별적인 여러 운동과 경제적 견해들은, 우리 사회가 직면한 상황을 보면 중단될 것 같지 않다. 자연이 자기조직화를 하고 분자의 질서를 잡을 때 특정 개수의 가능성으로 움직이는 것과 마찬가지로, 사회 차원에서도 가장 좋은 해법은 멘델의 유전법칙처럼 그다음 세대에서 도출되어 나오는 것이다. 자연은 수리 메커니즘이 내장된 생명체를 이 세상에 내놓았다. 유기체의 세포들이 여러 길을 갈 수 있고 가야 한다는 것은 그 생명이 지닌 특성으로, 이는 늘 단박에 최적 상태를 확보하는 것은 아니라는 말이다. 똑

같은 개념이 리페어 운동에도 해당된다.

나는 어떻게 스스로 수선 기술자가 되었는가

밴드 토코트로닉Tocotronic*처럼 내가 리페어 운동의 일원이 되려고 하는 데에는 내 유년 시절과도 상관이 있다. 아직 어린 소년이었을 때, 나는 새의 깃털부터 책갈피에 끼워 말린 꽃잎들, 석기시대의 유물 같은 오래된 쐐기, 부싯돌, 고생물학에서 중요하게 다루어지는 저 옛날 이미 멸종해버린 암모나이트 같은 화석들을 모두 모았다. 나는 자연, 그 가운데에서도 채석장을 뒤지며 화석을 찾아다녔다. 발견한 것들을 따로 보관해두는 수집함도 만들었다.

탁 트인 자연이나 작업장에 마련된 공간에서 직접 실험하고 깨닫고 뭔가를 직접 분해하고 또 조립해보는 아이들을 관찰해본 사람이라면, 뭔가를 발견하려는 욕망이 인간 본성의 기본 특징임을 알 수 있을 것이다. 아이들은 흡사 괴테나 훔볼트처럼 어떤 놀라움에서 무언가를 깨닫고

---

* 1990년대 중반에 결성된 독일의 록 밴드로, 사회적 연대활동에 적극적인 팀이다. 공연을 통해 청소년의 사회활동 참여를 촉구하기도 했다.

결국 이해하기에 이른다. 그리고 이러한 연결고리 한가운데에는, 무엇보다 만들기와 고치기 작업이 있다.

청소년 시절, 나한테는 전자제품 조립에 조예가 깊은 친구가 한 명 있었다. 나는 그 친구에게서 전자제품과 관련된 여러 가지를 배울 수 있었다. 그 친구가 꽤 부럽기도 했는데, 학교에서 열리는 파티든 친구들끼리 모이는 자리든 어디에서나 그가 음향 장비 관리를 도맡았기 때문이다. 그 아이가 없으면 제대로 되는 것이 없었다. 나는 어떻게든 그의 기술과 재치를—턴테이블, 앰프, 녹음기, 스피커, 사이키 조명 들에 담긴 기술적인 비밀들까지 모두—배우고 싶었다. 거의 40년 전에 우리가 처음으로 함께 만든 기기를 나는 지금도 가지고 있다. 그것은 아주 간단한 저전압 직류 전원 공급장치인데, 일종의 변압기이자 정류기다. 하지만 케이스는 꽤 볼만한데, 평범한 금속 케이스가 아니라 나무에 아교를 칠해 붙인 다음 멋진 메탈릭블루로 색을 칠한 것이었다. 적어도 우리에게는 아주 인상적인 물건이었고 당연히 친구들도 몇몇은 크게 감동받으리라 생각했기에, 우리는 그 물건을 아주 자랑스럽게 친구들에게 선보였다. 이런 행동을 인류학자나 행동연구학자들은 동물들의 구애와 비슷한 선상에서 생각할 수도 있겠다.

아무튼, 그때만 해도 스피커 제작은 단연 최고였다.

우리는 하이파이 재현, 변압기, 주파수의 응답, 주파수의 직선성, 주파수 변환, 베이스-리플렉스 스피커*, 데시벨 등에 관해서는 전문가라도 되는 양 서로 떠들어댔다. 파티에서 우리는 언제나 음향 기술 담당이었다. 그러다 보니 당연히 음악 자체와 관련된 일들도 맡게 되었다. 최신 히트곡을 제공하는 사람은 파티의 흐름에도 영향을 미칠 수 있었다. 당시에는 기술 분야에 재주가 있는 체크무늬 셔츠를 입은 남학생들이 실제로 어느 정도는 여학생들에게 더 인기가 있기도 했다. 지금으로선 상상하기 어렵지만 말이다. 최근에 어느 젊은 여성이 자신의 파트너가 되어줄 사람을 찾으며 아주 구체적인 조건을 내건 구인광고를 보았는데, 실망스럽게도 가장 중요한 조건 가운데 하나로 '물리학 전공자는 제외'라고 덧붙이고 있었다.

당시 우리는 《풍크샤우Funkschau》**를 읽고, 뷔르클린,

---

* 스피커 세트 뒷면에서 나오는 음의 위상을 반전시켜 전면으로 내보내는 방식의 스피커 박스.
** 1929년에 창간된 잡지. 1940~1980년대까지는 라디오와 텔레비전 전문 판매상 및 관련 분야 종사자를 위한 전문 잡지로 인기를 끌었으며, 기술 분야에 관심이 많은 라디오 청취자도 애독했다. 현재는 IT 분야를 주로 다룬다.

콘라트, 라디오 림 같은 전자부품 전문 판매점에서 부품을 주문하고, 음반을 사들였으며, 주말에는 뭔가를 조립하고 수리하며 시간을 보냈다. 어릴 때부터 나는 코스모스 조립 상자*를 가지고 무엇이든 만들었다. 화학 실험상자나 라디오 조립 상자 '라디오맨'은 내게 보물과도 같았다. 다른 수집품들과 함께 나는 지금까지도 그것들을 가지고 있다. 그때까지만 해도 여러 물건을 직접 다루어야 했기 때문에 우리는 조립하고 만들고 수리하는 문화 속에서 자랐다. 여름철, 아무리 축제가 많이 열려도 시설물 설치나 물류 업무에 대해서는 걱정할 필요가 없었다. 우리는 모터로 움직이는 회전 구이 기계를 만들어 통돼지를 구웠고, 오토바이가 말을 듣지 않으면 다시 쌩쌩 달리도록 머리를 맞대고 함께 고쳤다.

청소년 시절, 나는 1960년대 슈투트가르트의 모토어 부흐 출판사에서 펴낸 〈이젠 내가 직접 나를 돕는다Jetzt helfe ich mir selbst〉 시리즈의 책들을 여러 권 가지고 있었다. 이 시리즈는 아우디에서부터 메르체데스 벤츠에 이르기까지 다양한 차종별 수리안내서다. 물론 그 대상 독자는 전문 정비사들이었는데, 이 분야에서는 다른 어떤 전문 서적도 이 책들을 따라갈 수 없었다. 내 첫 자동차가 이상한 소리를 냈을 때, 나는 그 시리즈 가운데 피아트127 편만 찾아보면 되었다. 당연히 이 시리즈 역시 내 오랜 수집품의 하나다.

자동차에 무슨 문제가 생기든 나는 정확한 수리 방법이 쓰여 있는 그 책을 들춰본다. 덕분에 캠축에 생긴 문제를 발견하고 점화플러그의 점화 시점을 조절할 수 있게 되었다. 지금은 그렇게 직접 점화 시점을 조절하는 사람은 아무도 없을 것이다. 클래식 자동차를 타는 '올드타이머'들이라면 당연히 그렇게 하겠지만 말이다. 이렇게 직접 자동차를 고치면서 얻은 지식은 다른 누구도 빼앗아가지 못할뿐더러 자동차라는 구조물을 더욱 깊이 이해할 수 있게 되며, 더불어 자동차를 발명한 이를 향한 경탄의 마음도 커진다. 나는 지금도 가끔 벼룩시장에서 이미 지난 세기 초에 발간된 자동차 수리안내서들을 사들이곤 한다.

점화 시점은 문제를 해결해줄 안내서를 가지고 내가 직접 문제와 씨름했다는 사실에 대한 동의어이며, 이는 곧 분석적인 사고를 응용한 하나의 본보기다. 예컨대 내가 피아트127을 타고 있는데 갑자기 차가 덜덜거리기 시작한다면 나는 두 가지 행동을 할 수 있을 것이다. 돈이 충분하다

---

* 코스모스라는 상표의, 각종 전자기기를 직접 조립할 수 있도록 부품과 조립안내서 등이 들어 있는 상자.

면 자동차를 정비소로 가져가서 일정 시간 뒤에 수리된 차를 돌려받을 것이다. 엔진 소리는 아주 깨끗해질 테고, 나는 만족해하며 수리비를 낼 것이다. 그게 아니라면 나는 이렇게 말할 것이다. "이번에는 내가 끝까지 한번 해보겠어." 나는 근본적으로 무슨 일이건 직접 끝까지 파헤치려는 사람이 되었다.

숨은 장인들에게서 배울 수 있는 것

내 삶에서 이렇게 뭔가를 수리하는 습관은 단지 자동차나 기타 남자들의 장난감에만 한정되는 것은 아니었다. 어렸을 때 나는 기술 수업뿐 아니라 리놀륨판화에서부터 목공까지, 수공예 수업 역시 들었다. 어른이 되어서는 바늘과 실, 그리고 구멍 난 양말을 기울 때 쓰는 받침대도 다룰 줄 알게 되었다. 닳아서 해진 양말의 발뒤꿈치나 발가락 부분에 버섯 모양의 받침대를 끼워 넣어 팽팽해지면 뇌 속에서 오래된 시냅스가 연결되며 활성화되는 듯한 기분이 든다. 내 바느질 솜씨는 당연히 장인의 솜씨는 아니지만, 꽤 봐줄 만하다.

어느 날 문득, 양말을 기울 수 있다면 어쩌면 스키복의 고장 난 지퍼를 떼고 새 지퍼를 달 수도 있지 않을까 싶었다. 내가 즐겨 입는 겨울 스키복이 곧 실험 대상이 되었다. 인내심을 가지고 손끝의 감각을 최대한 발휘해 그 일을 해냈다. 말하자면 기능공이 되기 위한 필수과목 시험에 합격한 것이었다. 이제 선택과목이 남아 있었다.

우리 집에는 수년째 가죽용 재봉틀이 하나 굴러다니고 있었다. 그것도 작업실도 아니고 거실에 말이다. 디자인이 멋진 커다란 금속제 재봉틀은 이탈리아의 어느 벼룩시장에서 산 것이었는데, 그때까지 한 번도 써본 적이 없었다. 그런데 이제는 달라져야 했다. 아주 근사한 내 오랜 가죽 바지의 멜빵을 급하게 수선해야 했던 것이다. 가죽을 새로 덧대주어야 했다. 이제 더는 미룰 수 없는 상태가 되었다. 그 재봉틀이 어떻게 작동하는지 한참을 씨름한 끝에, 실톳에 밑실을 감아 넣어야 한다는 것을 알게 되었다. 밑실이 감긴 실톳을 재봉틀에 끼우는 법을 이미 아는 사람들에게는 아무것도 아닌 일이겠지만, 나는 완전 까막눈이나 마찬가지였다.

당연히 단번에 해낼 수는 없었다. 바늘에 밑실을 걸어 올렸지만, 재봉틀은 말을 듣지 않았다. 어떻게 해야 할까 고민하다가 가죽옷을 만드는 피혁공을 떠올렸다. 그들이라면 나를 도울 수 있을 것이다. 피혁공은 대략 12세기에 등장했는데, 시간이 지나면서 그들은 가죽옷만 만드는 것이 아니라, 독특한 자수로 가죽을 꾸미는 일까지 하게 되었다. 그것은 단단한 재료 위에서 이루어지는 놀라운 수작업이다. 하지만 그런 사람을 어디에서 찾는단 말인가? 나무로 그릇을 만들거나 큰 통을 짜는 사람들처럼 손으로 직접 가죽옷을 만드는 수공업자들은 이제 거의 남아 있지 않다. 그런데 얼마 전, 해마다 피혁공들이 모인다는 미텐발트의 거리 축제에 갔다가 마침내 내가 사는 지역의 한 장인을 만날 수 있었다. 그는 무척 호감이 가는 인물이었다. 뒤를 잇는 후배들이 있냐고 묻자, 그는 몹시 안타까워하며 대답했다. "없습니다. 젊은 세대는 이제 없습니다." 그에게 내 상황을 얘기하자 그는 밑실 감는 방법을 설명해주었고, 나는 신이 나서 집으로 돌아왔다. 재봉틀 밑실의 원리를 이해한 것이다. 나이가 꽤 들어 보이는 그 피혁공은 누군가가 자신의 일에 관심을 보이자 몹시 기뻐했다. 내가 그에게 가죽바지를 새로 만들어달라고 한 것도, 직접 수선해달라고 한 것도 아니었으나, 작은 조언을 구하는 나에게 그는 긴 시간을 내주었다. 나중에 가죽옷을 새로 한 벌 맞추게 된다면, 그의 가게를 가장 먼저 떠올릴 것이다.

그 피혁공은 무엇보다 내게 삶의 지혜에 대한 감상을 일깨워주었다. 무엇이든 수리를 끝까지 해낼 때도 이러한 삶의 지혜는 필요하다. 어떤 도구와 재료를 쓰는 것이 가장 좋은가를 아는 데서 그치는 것이 아니라, 어떤 오류를 발견하고 또 그것을 제거하는 올바른 방법을 찾아 실행해야 한다. 그러기 위해서는 당연히 많은 경험이 필요하다. 그 피혁공처럼 특별한 기술을 가진 장인들은 대체로 매우 편안하고 겸손하며 따뜻한 마음씨를 가진 동시대인들이다. 그들의 삶의 지혜와 수선의 지혜는, 억지로 뭔가를 고치려 하지 않고 함부로 하지 않으려는 태도에서 특히 잘 드러난다. 그들은 고장 난 것을 그만 그대로 두어야 할 때가 언제인지, 수리하는 것이 언제 의미가 있을지를 판단할 줄 안다. 그것은 수리가 가능한지 어떤지에 대한 가능성과 생태학적 경제적인 유용성과도 관계가 있겠지만, 그 일 자체가 얼마나 흥미로운지에 따라서도 달라질 것이다.

그렇게 고장 난 기계들과 부품들을 수집하다 보니 어느새 작게나마 전시를 열 정도는 되는 것 같다. 그것들은 모두 분해되어 있어서 작동하지 않는 원인이나 고장 난 원인을 알아볼 수도 있었다. 그래서 나는, 예를 들면 이웃 아이들에게 완전히 석회질로 뒤덮인 하수관을 보여주며 물속에 함유된 석회 성분이 어떤 영향을 줄 수 있는지 설명해줄 수 있고, 또 하수관이 절반만 막혀 있는데도 왜 기능을 거의 완전히 상실하게 되는지도 설명해줄 수 있다. 또 가정용 기기든 사무용 기기든, 종종 너무 일찍 나타나기도 하는 고장의 징후를 제때 알아차리고 더 큰 문제가 생기지 않도록 하려면, 더 주의를 기울여 다루고 세심하게 관찰해야 한다는 사실도 일러줄 수 있다. 수도꼭지가 새서 물이 뚝뚝 떨어진다고 배관공에게 곧장 전화를 걸거나, 욕실 전등을 새로 달기 위해 전기기사를 찾을 필요는 없다. 설령 그렇게 하더라도 그들이 작업할 때 함께 지켜보다 보면 뭔가를 배우게 될 것이다. 그런 경험들이 모이면 적어도 무엇을 직접 수리할 수 있고 또 무엇을 전문가에게 맡겨야 하는지를 판단하는 데 큰 도움이 될 것이다.

나를 둘러싼 사물을 대하는 태도가 곧 인간으로서의 나를 말해준다

리페어 컬처는 지식과 능력, 분석적 사고를 바탕으로 하지만 또한 삶의 지혜와 가치관 그리고 무엇보다 세심함에도 기초하고 있다. 나를 둘러싸고 있는 물질적인 것들을 대하는 나의 태도는 곧 인간으로서의 나에 대해서도 뭔가를 말해준다. 예를 들어 지금 살고 있는 집이 자기 소유도 아니고 어차피 또 이사도 가야 하니 함부로 방치하는 사람이 있다면, 그는 기후 변화에 대해서도 '나중에야 어찌 되든 내 알 바 아니다'라는 식의 태도를 보일 가능성이 크다. 아무리 세 들어 산다 해도, 세심한 사람이라면 수도꼭지에서 물이 새도록 놔두지 않는다. 석회가 끼기 전에 미리 살펴서 깨끗하게 제거할 것이다.

아무리 비싸고 좋은 세탁기를 쓰더라도 나중에 어떻게 되든 상관없다고 생각하는 사람은 세탁기에 낀 석회를 제거할 생각은 하지 못한다. 그렇게 놔두면 세탁기에는 아주 심각한 문제가 생길 수도 있다. 모든 세탁기가 그렇지만 특히 삶기 기능이 있는 세탁기의 열선에 석회가 끼면 정해진 열을 내기까지 더 큰 에너지가 필요하다. 설정 온도가 30도든 60도든 95도든 마찬가지다. 결국 세탁기는 석회 제거를 제대로 하지 않아 더 일찍 고장 나고 만다.

유지·보수의 중요성과 관련해 특별히 인상적인 사례는 가정에서 생기는 일이 아니다. 비행기의 경우 정기적으로 점검하고 수리도 하는데, 승객들의 생사가 달려 있으므로 당연히 아주 정확하고 정교하게 이루어진다. 항공사가 정해진 지침에 따라 유지·보수를 하지 않는다면 더 많은 사고로 이어질 것이다. 이때 더욱 세심하게 주의를 기울이는 것은 손상을 예방하기 위해서다. 제때 개선하고, 교체하고, 수리하는 것은 경제적인 면에서도 절대적으로 필요하다. 단 하나의 아주 작고 값싼 부품의 결함만으로도 엄청난 손실이 일어날 수 있다는 사실을 고려하면 당연한 일이다. 문득, 1986년 이륙 직후 폭발하여 우주비행사 일곱 명의 목숨을 앗아가고 말았던 미항공우주국NASA의 우주왕복선 챌린저호의 추락 장면이 떠올랐다. 텔레비전 중계를 통해 지켜본 사람이라면 누구도 그 장면을 잊을 수 없을 것이다. 이후 미국의 물리학자 리처드 파인만이 위원장으로 있는 전문가 위원회를 통해 비극의 원인이 밝혀졌다. 고체연료 증폭기에 붙어 있는 둥근 고무 패킹이 그 원인이었다. 1센트짜리 동전만 한 패킹의 일부가 아마도 이륙 전 차가운 밤 기온에 그만 탄성을 잃어 기밀성氣密性을 유지해주지 못했던 모양이다. 이로 인해 연료의 연소가스가 누출되었고, 비극적인 폭발로 이어졌다.

결국 정기적인 정비 사이클을 통해 세심하게 검사하고 수리 계획을 세우는 것이야말로 최악의 상황을 방지하고 손상 가능한 위험을 최소화하기 위한 원칙이다. 자동차와 관련해서는 누구나 이 원칙을 알고 있으며, 이미 수십 년 전부터 규정에 따라 TÜV기술 검사협회를 통해 자동차 정기검사를 해오고 있다. 증기기관이 보편화되면서 큰 사고들이 발생하자 처음에 증기기관 검사협회로 출범한 TÜV는, 현재 브레이크 결함에 의한 사고나 차축의 부식으로 인한 사고 등을 예방하는 데 큰 성과를 내고 있다. 기기 보존을 위해 산업계에서 쓰이고 있는 정비·보수에 대한 기준은 개인에게도, 가정에서도 의미가 있다. 파손되기 전에 미리 세심하게 살펴보고 수선하자는 것이다.

한때 우주비행사이기도 했던 울리히 발터Ulrich Walter는 현재 뮌헨 공과대학 교수인데, 그야말로 주의력의 화신과도 같은 사람이다. 위트 있고 늘 침착하며 어떤 한 사물에 쉽게 몰두하는 사람이지만, 수리가 필요하다고 판단하면 그는 분석적으로 사고하고 목표지향적으로 행동한다. 우주선의 캡슐 안에서 어떤 부품 하나가, 혹은 장치 하나가 고장 났다고 상상해보자. 이때 가장 필요한 것은 침착함과 인내심, 그리고 수리 능력일 것이다. 예컨대 국제우주정거장에 있는 수많은 실험 구조물의 작은 결함을 수리하는 것은 최대 허용하중 전문가 자격으로 함께 승선하는 우주비행사들이 받는 훈련의 일부다.

울리히 발터는 지난 삶을 돌아보며 적어도 한 가지만은 굳게 확신할 수 있다고 말한다. "나는 거의 모든 것을 수리할 수 있다네. 어떤 결함을 발견하면 적어도 직접 해결 방법을 찾아낼 수 있었어. 그것이 ISS국제우주정거장에 투입될 우주비행사로 선발된 이유이기도 했을 테지. 화장실 변기가 막혔다 해도 나는 당장 고칠 수 있었을 걸세. 저 우주에서 배관공에게 전화를 걸어 와달라고 할 수는 없을 테니 말이야. 그곳에서는 무엇이 고장 나든 곧장 고칠 수 있어야 했지. 묻지 말고 일단 고쳐. 언제나 마찬가지였어. 스카치테이프가 우리의 애호품이었지." 그는 눈을 찡긋하며 말했다.

미항공우주국은 우주선에 실을 수리 장비 세트를 매우 엄격하게 제한한다고 한다. 예를 들어 납땜인두는 사용할 수 없다. 아주 일반적인 공구와 대체용 부품만 쓸 수 있다. 우주비행사가 우주선 밖으로 나가 아슬아슬하게 우주유영을 하며 인공위성에 매달려 수리하는 모습을 한 번이라도 본 사람은 그 매력에 푹 빠질 것이다. 우주정거장에서 복잡한 최신 기술을 쓰지 않고 오히려 그들만의 은어로 이른바 '러시아식 기술'이라고 부르는, 그러니까 훨씬 견고한 기술을 훨씬 자주 사용하는 이유는 당연히 후자의 수리 능력이 더욱 뛰어나기 때문이다.

달 착륙 프로그램에서도, 또 다른 우주 프로그램에서도, 우주비행사들은 그렇게 완전히 차단된 환경 속에서 무슨 일이 일어나더라도 적어도 어느 정도까지는 수리할 수 있어야 한다고 여겼고, 그것은 지금도 마찬가지다. 아무려나, 울리히 발터는 1993년 4월 말에도 지구궤도를 향해 날아간 컬럼비아호에 열흘간 승선해 있었다. 또 다른 독일인 우주비행사 한스 슐레겔Hans Schlegel과 다섯 명의 미국인 우주비행사와 함께 말이다.

수십 년이 흐른 뒤 언젠가 정말로 유인우주선이 화성을 향해 날아간다고 해도 우주비행사들은 원칙적으로 어떤 결함이 생기든 직접 고치고 부품을 교체할 수 있어야 하므로, 당연히 뛰어난 문제해결 능력이 요구될 것이다. 결코 쉽진 않지만 짜릿하기 그지없는 모험이라 할 수 있는 리페어 컬처는 완전히 새로운 초현대적인 의미로 빛을 발할 것이다.

우리 내면에는 기술자적 능력이 잠재해 있다

울리히 발터처럼 하나의 사물에 대해 A에서 Z까지 일관되게 설명할 줄 아는 사람은 어떤 사물이라도 그다지 어렵게 느끼지 않는다. 이러한 태도는 자율성과 자신감을 가져온다. 물론 그러기 위해 먼저 우주로 나가야 한다는 말은 아니지만.

지인 가운데 한 사람은 의용소방대에서 활동하고 있는데, 그의 본업은 구조대원으로, 주야 교대 근무를 하고 있다. 응급구조사 교육과 소방수 교육을 받은 그는, 현장에 나가지 않을 때는 각 차량을 정비하고 청소하며 구급상자와 의약품을 관리한다. 이러한 업무방식은 매우 효율적이고 합리적인 것으로 밝혀졌다. 그들 모두 전체 업무를 A에서 Z까지 하나하나 돌봐야 하고 또 그렇게 하기 때문에, 전 근무자가 무엇을 했는지 파악할 필요가 없으므로 투입 인력 간에 인수인계를 할 때 전혀 어려움이 없는 것이다.

이런 이유로 나는 기계, 특히 전자공학의 찬미자다. 요즘은 각종 센서들이 어디에나 널려 있지만, 그런 센서에서는 버튼을 직접 누르는 방식의 스위치에서 느낄 수 있는 것과 같은 뭔가는 전혀 느낄 수 없다. 어느 도시에나 센서로 작동되는 보행자 교통신호등이 있지만, 나는 아직도 매번 센서의 표면을 눌러본다. 버튼을 누를 때의 느낌, 찰칵하는 소리 같은 기계적인 작동을 기대하면서 말이다. 물론 소용없는 짓이다. 센서는 어떠한 피드백도, 아무 대답도 없다. 이는 어떤 사물로부터 거리를 느끼게 만든다. 스위치를 눌렀다는 느낌을 전혀 받을 수가 없는 것이다. 나는 만지고 느끼는 사람이며, 기계공학을 좋아하고 새로운 자극을 좋아하며, 작용과 반작용이라는 오래된 원칙을 체험하고 싶어 하는 촌스러운 사람이다. 뉴턴이 제3법칙으로 그토록 멋지게 정리했지만, 두 물체—이때는 손가락과 스위치—사이에 작용하는 모든 힘은 크기가 같고, 방향은 그 반대다.

아이패드가 처음 시장에 나왔을 때, 모든 사람이 이 새로운 기술에 확신을 가진 듯 보이지는 않았다. 이 컴퓨터는 살짝 터치만 해도 작동된다. 그런데 이런 태블릿피시의 붐이 지속된다는 것은 기계적인 작동에 대한 요구가 적지 않음을 보여주는 현상이기도 하다. 그렇지 않다면 오늘날 전 세계가 열광적으로 터치하고 확대하지 않을 것이다. 물체의 운동에 대한 법칙을 좇는 역학力學은 우리 인간 존재의 일부다─엄밀히 말하면 아이패드는 일종의 가짜 역학이다. 손가락의 기계적인 움직임은 전자 센서의 원리를 통해 수용되며, 뉴턴의 제3법칙에 해당하는 역학적 응답을 유발하지 않기 때문이다. 우리 두 손이 만지고 느끼고 붙잡는 복잡한 수단으로 발달한 것은 인류가 발생하는 데 본질적인 전제 조건이었다. 밀고 당기고 붙잡고 섬세하게 터치하는 다양한 손Hand의 기능 덕에 우리는 행동하고hand-eln, 사용하고hand-haben, 결국 무언가를 고칠 수도 있게 되었다.

우리 인간은 전자 센서가 내장된 키보드가 아니다. 수도꼭지 아래에 손을 가져다 댈 때 이를 감지한 센서를 통해 물이 나오거나 공공 화장실의 핸드드라이어가 그 아래 손을 감지한 후에 비로소 작동하는 것은, 비록 그리 대단한 것은 아니라 해도 역학적인 행위로부터 멀어지는 일이며, 동시에 무언가의 감독을 받는 일과도 같다. 교통신호등의 스위치를 직접 누르지 않는 것이 더 위생적이기는 하겠지만, 인류가 진화해오는 동안 내 안에 오랫동안 닻을 내리고 있던, 사물과의 역학적 교류에 대한 동경을 억눌러서는 안 된다. 디스펜서에서 일정한 길이로 핸드타월을 당길 때 우리는 손을 닦는 데 타월이 얼마나 필요한지 판단한다. 우리는 의지에 따라 핸드타월을 뽑아낸다. 하지만 바람으로 젖은 손을 말려주는 드라이어를 쓸 때, 우리는 한없이 수동적일 뿐이다.

매우 촉각적이며 또한 역학적인 인간은, 글자 그대로 사물을 파악begreifen하려 한다. 이러한 성향은 아이들에게서 특히 잘 드러난다. 역학을 지향하는 인간의 특성은 유전자에 깊이 뿌리 박혀 있다. 다른 유인원은 손이 닿지 않을 때 도구를 사용한다. 손이 닿지 않는 벌집에서 꿀을 딸 때 막대기를 이용하는 식이다―물론 그전에 벌떼의 공격을 받아 도망가본 적이 없다면 말이다.

그뿐만 아니라, 인류의 역사에서 지렛대나 축과 바퀴의 발명을 가능하게 한 것 역시 역학이다. 이러한 역학적인 움직임을 탐구하는 능력은 원자原子의 역학적 행동양식을 기술하는 양자역학과 전기공학의 기초가 되었다. 어떤 물리학 수업도 역학부터 시작하는 데에는 그만한 이유가 있다. 대학에서도 역학은 물리학과에서 가장 먼저 이수해야 하는 과목이다.

사물로부터 멀어지고 일정한 관리 아래 더는 직접 손

을 쓸 필요가 없어진 것 외에, 역학을 포기할 때 드러나는 제3의 양상이 하나 더 있다. 직접 경험하는 일이 없어진다는 점이 그것이다. 내가 직접 무언가를 만들 때는 무엇을 잘못했는지 또 무엇을 잘했는지를 알 수가 있다. 무언가를 만드는 행위는 그 물건과 나를 곧장 연결시킨다. 그 물건이 어떻게 만들어져 있는지를 파악하게 되기 때문이다. 물건을 수리할 때뿐만 아니라 정원을 가꾸거나 목재나 직물 등으로 무언가를 만들 때도 마찬가지다. 비트, 순무, 상추, 무, 파슬리라면 어디에서라도 살 수 있는 데다 심지어 저렴하고 편한데, 굳이 왜 그런 걸 심어야 하냐고 물어보는 사람도 물론 있을 것이다. 그러면 나는 대답할 것이다. 물질의 순환에 대해 포괄적으로 이해해보기 위해서라고.

나노 전자공학의 시대, 디지털의 시대가 되면서 순수하고 단순한 역학의 시대 역시 지나가 버리고 말았다. 일정하게 빵을 썰어주는 기계를 두고 우리 모두 다시 칼을 들고 얇게 빵을 썰어야 할 이유는 물론 없다—다만 개인적으로 유감스러운 점은, 커다란 빵 덩어리를 칼로 가지런하게 썰 줄 아는 사람이 점점 더 줄어든다는 점이다. 인간의 노동을 덜어주는 새로운 발명품들이 나타나면서 힘을 써야 하는 역학적인 일들이 점점 사라지는 것은 인류의 성공 스토리의 일부일 것이다. 사람들이 직접 혹은 소를 부려 끌던 쟁기는 그만한 이유로 인해—물론 유감스럽게도 세계의 모든 나라가 그런 것은 아니지만—트랙터로 대체되었다. 또 버튼을 눌러 엔진의 시동을 거는 전기 시동장치가 땀을 뻘뻘 흘리며 돌려야 하는 크랭크 기어보다 훨씬 편한 것은 말할 필요도 없다—이 시동장치가 발명된 다음에야 자동차는 대량생산이 가능해졌다. 증기기관과 그 뒤를 잇는 모든 역학적인 노동을 줄여주는 기계와 엔진의 발명은 인류에게 더없는 기쁨이었다.

기술 발전이 없었다면 우리는 오늘날에도 고된 육체노동에 시달려야 했을 것이며, 생활수준 역시 훨씬 더 열악했을 것이다. 컴퓨터가 콘라트 추제Konrad Zuse* 시대의 순수 연산기에서 현재의 다기능 기기로 크게 발전하지 않았다면, 우리는 인터넷으로 소통되는 지금과 같은 디지털 세계에 있지 않을 것이다. 국경을 넘어 전 세계가 네트워크로 연결되면서 뒤따라온 긍정적인 성과들 역시 없었을 것이다. 그럼에도 수작업은 그 무엇으로도 대체될 수 없다. 그것은 우리 삶의 바탕을 이루며, 우리가 살아가는 데에 필요한 기본적인 욕구를 충족시켜준다.

나아가 이것은 자연에 대한 인식을 계속 발전시키고 응용하는 데 없어서는 안 될 전제가 된다. 일률**, 에너지 전환 및 에너지 보존 등 어떤 기계와 관련해서든 결정적인 역할을 하는 물리학의 기본 법칙만 이에 해당하는 것이 아니다— 현대 나노 의학에서도, 그러니까 우리 세포 내에서 물질을 전달할 때 결정적 역할을 하는 단백질 형태의 분자 기계를 연구할 때, 우리는 분자 차원의 수작업에 대해 말할 수 있다. 여기에 담긴 수작업의 의미는 거시적 관계에 대한 이해 없이는 파악할 수 없다. 이러한 수작업에는 당연히 각 물질과 그 물질의 물리적·화학적 성질을 다루는 일 역시 포함된다. 이것은 자연에서 어떤 물질을 얻어낼 때 이미 시작되며, 현대의 재료과학에서도 이런 작업은 멈추지 않는다— 재료과학은 이론적 이해와 각종 분석 수단을 이용해서 자연에서 각종 물질들을 도출해내고, 또 원소주기율표에 멋지게 정리되어 있는 각종 원자들로 여러 물질들을 만들어낸다. 과거에 금세공을 하려는 사람은 귀금속이 모암母巖에서 어떻게 용해되어 나오는지 알고 있어야 했다. 과거에도 현재도 채광과 야금冶金***에 대해서는 당연히 알고

---

* 1910~1995. 독일의 전자공학자이자 컴퓨터 연구의 선구자로, 1941년에 세계 최초의 전자·기계식 컴퓨터 Z3를 개발했다.
** 일率. 단위 시간에 이루어지는 일의 양. 단위는 와트 또는 마력.
*** 광석에서 금속을 골라내는 일. 혹은 골라낸 금속을 정제·합금·특수처리하여 여러 목적에 맞는 금속 재료를 만드는 일.

있어야 한다. 오늘날 이 분야는 순환경제에서 가장 중요한 분야인 리사이클링 과정으로 더욱 보강되고 있다. 구리, 청동, 철, 알루미늄, 마그네슘, 티타늄과 그 외의 수많은 금속류의 채광과 가공은 인류사의 각 시대를 나누는 징표가 되었다. 새로운 물질, 예컨대 백금이나 자기瓷器 같은 재료를 찾아내려면 각양각색의 아주 다양한 물질들을 처리하고 가공하는 과정에 대해 잘 알고 있어야 했으며, 그러는 동안 자연과학 지식과 수공업 제조 기술은 나란히 발전해나갔다. 수공업은 산업화의 시초가 되었을 뿐 아니라 자연과학적 인식 발전의 촉매제이기도 했으며, 이것은 어쩌면 당연한 일이었다. 이런 수공업을 통해 우리 인간들은 질문하게 되었던 것이다. 금이라는 물질은 어떻게 존재하는 것일까? 금과 은의 용융점은 왜 서로 다른가? 그러니까 왜 서로 다른 성질을 가지고 있는가? 어떻게 하면 이런 재료로 합금을 만들 수 있는가…….

　이러한 인식의 발전을 가장 잘 보여주는 것이 바로 세상을 바꾼 바이에른 출신의 수공업자 요제프 폰 프라운호퍼Joseph von Fraunhofer의 업적이다. 그의 이름을 딴 독일의 프라운호퍼 연구소는 응용과학기술 연구기관 가운데 가장 성공한 모델로 평가받고 있다. 19세기 초까지만 해도 천문 관측용 대형 망원경에 장착할 만큼 성능이 좋은 색상보정용 대물렌즈를 제조하는 일은 기술적으로 불가능했다. 독일 슈트라우빙의 유리세공사였던 프라운호퍼는 1807년부터 베네딕트보이에른에 위치한 요제프 폰 우츠슈나이더 수리-역학연구소에서 이 문제를 연구하기 시작했다. 그는 다양한 응용연구를 통해 몇 년 지나지 않아 이 문제를 해결해냈다. 그는 여러 가지 유리의 굴절률을 정밀하게 측정하는 방법을 개발했다. 물질의 특성에 대한 이런 지식을 통해 그는 직경이 훨씬 더 큰 망원경 렌즈로 쓰기에 적합한 뛰어난 품질의 유리를 제조하는 데 성공했다. 유리 연구를 위해 그는 토지 측량에 쓰이는 것과 같은 정밀한 경위의經緯儀, Theodolite*를 개조해서 사용했다. 그리고 무엇보다 이 분광기를 이용해 태양광 스펙트럼에서 흡수선吸收線을 발견했다. 유리 제조뿐 아니라 광학 기술에서도 혁신을 이루어낸 것이다. 그의 연구 결과는 빛의 성질을 더욱 잘 이해하는 데에 크게 기여했다. 이러한 통찰은 오늘날까지도 영향을 미치고 있다. 현대 천체물리학에서 거대한 우리 우주의 구조를 탐구하기 위해 분광학적 수단이 쓰이고 있고, 이를 통해 우리는 우주의 구조와 생성에 대해 더욱 많은 것들을 알

---

* 지구 표면의 물체나 천체의 고도와 방위각을 재는 조그만 망원경.

게 되었다. 수공업자였던 프라운호퍼가 이를 위한 초석을 깔아준 덕분이다.

수작업을 통해 무언가를 만들어내는 일은 어느 정도는 물리 실험에 견줄만하다. 구체적이고 객관화될 수 있다는 점에서 바로 그렇다. 이 말은 곧 이렇게도 이해할 수 있다―어떤 물리 이론이 옳은지 그른지를 판단하는 일은 심리학적인 감정鑑定에도 법률적인 평가에도 맡길 수 없으며, 그 외 다른 어떤 분야도 판단할 수 없다. 어떤 가설이 실험을 통해 검증되는지 어떤지는 오직 자연만이 결정한다. 내가 만든 망치가 쓸만한 도구인지 어떤지는 어떤 한 사람의 의견을 듣고 나서가 아니라, 오직 실험해봐야만, 즉 망치를 이용해봐야만 결정할 수 있다. 처음 내리치자마자 망치가 망가져버린다면, 그건 틀림없이 어딘가 잘못 만든 것이다. 그 어떤 감정서도 그것이 원래 훌륭한 최고급 망치라고 믿게 할 수는 없다.

화학 실험이나 물리 실험 역시 이렇게 자연을 통해 객관적으로 증명해 보이는 일이 중요하다. 1564년에 태어난 이탈리아의 자연과학자 갈릴레오 갈릴레이가 이를 최초로 증명해 보인 사람일 것이다. 돌멩이가 어떻게 바닥으로 떨어지는가는 깊이 고민할 필요는 없다. 어떤 이론이 제시되면, 그 이론은 오직 현실에서 증명되어야 한다. 이는 곧 자연에 물어본다는 뜻이다. 한 손에 돌을 들고, 서로 다른 높이에서 여러 차례 돌맹이를 바닥으로 떨어뜨려본 다음, 그것을 정확하게 관찰하며 돌을 떨어뜨린 높이와 낙하 시간을 기록하고, 그 값들 사이의 연관성을 찾으면 된다. 자연이 호의를 베풀어준다면 거기에서 간단한 비례식을 발견할 수 있을 테고, 이 비례식은 중력상수를 이용해 하나의 방정식으로도 만들 수 있을 것이다. 그리고 이렇게 발견된 낙하법칙이 옳은지 그른지 검증하려면, 임의의 낙하 높이와 낙하 시간을 예측할 수 있는지를 살펴보면 된다.

이렇게 낙하라는 사건은 인간의 임의적인 판단력이라는 현장을 빠져나와 자연 자체의 것으로 넘어간다. 오늘날까지도 완벽하게 이해할 수 없는 지구의 중력으로 인해 일어나는 복잡한 이 낙하 운동이 어떻게 간단한 방정식 하나로 정리될 수 있는지 놀라울 뿐이다.

전혀 예측할 수 없는 데다 수많은 오류를 수반하는 인간 정신의 사유의 결과물은 당연히 독창적일 수밖에 없다. 우리는 오직 자연에 물어야만 한다.

진단이란 종합적인 활동이다. 뭔가를 수리할 때는 모든 감각이 투입된다—오토바이에 시동이 걸리지 않아 어디에 문제가 있는 지 자세히 들어보면 툭툭 소리가 나기도 한다. 또 4기통 엔진의 점화플러그가 망가져서 속도가 나지 않을 땐, 엉뚱한 기름을 잘못 넣어서 그런 것은 아닌가 배기통 냄새를 맡아보기도 한다. 그러므로 듣고, 보고, 만지고, 냄새 맡고, 때로는 맛까지 보는 이런 행동들을 멍청한 짓이라고 말할 수는 없다. 나는 9볼트짜리 건전지의 양극에 종종 혀끝을 대어보며 건전지가 아직 방전되지 않았는지 확인해본다. 전하가 아직 남아 있다면 축축한 내 혀를 타고 음극에서 양극으로 작은 전류가 흐를 테고, 그 전류는 입속의 특정한 감각과 연결된 미세한 자극을 만들어낼 것이다. 물론 이런 짓은 전압이 아주 낮은 경우에만 할 수 있다. 교류전압일 때나 콘센트에는 절대 해서는 안 되는 행동이다.

역학은 아주 기초적인 제조과정과 수리 절차상의 모든 능력을 포함한다. 석기시대에도 인류는 주먹도끼가 망가지면 그것을 손봐서 다시 사용했다. 우리는 이러한 사고에 다시 천천히 접근해가야 할 것이다.

리페어 컬처는 성별을 가리지 않는다

많은 사람들이 여전히 수선은 남성의 영역이라고 생각한다. 하지만 리페어 컬처가 발전하는 데 훨씬 크게 기여한 이들은 남성이 아닌 여성이다. 가계에서 빠듯한 살림을 이

리저리 꾸려나가는 일은 전통적으로 여성이 담당했다. 그들은 찢어진 옷을 꿰매고, 조각난 화병을 다시 이어 붙였으며, 해진 옷에 헝겊을 덧대고 기웠다. 가족 구성원들이 함께하는 삶이 제대로 돌아가도록 신경을 쓰는 것도 여성들 몫이었다. 솔직히, 집안의 모든 일을 여성들이 해내왔다. 그리 오래전 일도 아니지만, 그전에는 어떻게 하면 가족이 모두 잘 지낼 수 있는지 남성들은 거의 신경 쓰지 않았고, 그것을 당연한 것으로 여겼다. 남성이 리페어 컬처에 기여한 것이 있다면, 사냥 도구를 관리하는 것 정도가 전부일 것이다. 한 가족이라는 전체는 남성들에겐 보이지 않았는데, 그 때문에 여성들만이 이러한 문화의 발전에 이바지해왔다.

하지만 시간이 흐르면서 안타깝게도 여성의 활동은 옷을 꿰매고 뜨개질을 하고 음식을 만들고 빨래를 하는 정도로 크게 축소되었다. 현대 여성운동에 힘입어, 여성들이 새로운 활동 영역을 확보하기 시작한 것은 몇십 년도 채 되지 않았다. 여성들은 오늘날 몇몇 창의적인 직업군에서 특히 앞서나가고 있다. 흥미롭게도, 초기 페미니즘의 영향으로 학교에서 이루어지던 가정 수업이 (기술 수업과 마찬가지로) 폐지되었으며, 손으로 하는 뜨개질이나 바느질 같은 수공업들이 일시에 사라지면서 극히 일부만 유지되고 있었으나, 현재에 이르러서는 다시 상황이 바뀌고 있다. 의류

쪽 수제품 브랜드들이 특히 다시 눈에 띄고 있는 것이다. 오늘날 여성들은 그 뛰어난 수선 능력을 다시 한껏 뽐내고 있다.

어릴 때 내 딸은 내 작업실에 놀러 오길 좋아했다. 나는 딸에게 억지로 뭔가를 가르치려 하지 않았고, 이 톱이 더 쓰기 좋다거나 저 드릴은 위험하니 절대 손대서는 안 된다 같은 말을 한 적이 없다. 오히려 그 반대였다. 나는 뭐든 다 만져보라고 했고, 공구마다 사용법을 알려주며 하나하나 사용해보라고 했다. 아홉 살 때인가, 딸아이는 이제 나무를 톱질해보는 것으로는 모자라는지 직접 뭔가를 만들어보겠다고 했다. 테이블을 만들겠다는 거였다. 딸은 네모난 판자를 반듯하게 자르고 나서 테이블 다리로 쓸 목재 네 개를 가져왔다. 그러고는 그 위에 나무판자를 올려놓고 못질을 했다. 못질이 끝난 후 테이블을 세워보더니, 아이는 스스로 문제점을 찾아냈다.

"계속 뒤뚱뒤뚱 흔들거리잖아. 아주 가벼운 것 하나만 올려놔도 넘어질 것 같아요."

"그렇구나. 테이블이 쓰러지지 않게 하려면 어떻게 하면 될까? 어떻게 해야 더 튼튼한 테이블이 될까?"

"음, 모르겠어요."

"테이블이 왜 이렇게 흔들리는 걸까?"

"못 때문일까요?"

"그래, 못 하나만 가지고는 안 되나 보다."

"알겠다! 테이블 다리 하나에 못을 두 개씩 박는 거예요."

"그렇지. 못을 두 개 박으면 테이블 다리가 휙 돌아가거나 하진 않을 거야. 그 위에 아교를 덧바르는 것도 나쁘지 않겠구나."

아주 조심스럽게, 형태가 어떻게 기능을 따라야 하는지 그 힘의 평형에 대해 딸에게 알려주려 했다. 고지식한 선생님 티를 내지 않으려 애쓰면서 말이다─사실 나는 자주 그런 티가 나는 편이었다. 내 말에 딸이 대답했다.

"아빠는 또 다 알고 있었네."

딸아이에게는 그 무엇도 속일 수가 없었다.

"그럼 아빠도 너한테 하나 더 물어볼까? 테이블 다리가 제대로 서 있지 않고 이리저리 기울어지지 않게 하려면 어떻게 해야 할까?"

넌지시 아이에게 물었다.

"아빠가 금방 또 얘기할 거면서!"

"그래. 막대기 두 개를 서로 빗대어 안쪽에 박아 넣는 거야. 그러면 테이블이 튼튼해지지."

그렇게 테이블은 훨씬 더 튼튼해졌고, 우리는 그 테이

블을 아직도 작업용 미니 테이블로 쓰고 있다.

앞서 이미 언급한, 리페어 카페의 설립자인 마르티네 포스트마가 여성인 것은 우연이 아니다. 그녀는 옷이나 침대 시트, 이불 커버, 아이들 장난감이나 천가방 같은 것들을 직접 수선할 줄 아는 친구가 점점 더 줄어들고 있음을 알게 되었다. 토스터나 드라이어는 말할 것도 없었다. 뮌헨 베스트엔드에 있는 HUIJ의 공동 설립자인 디자이너 안야 슈피글러 역시, 여성들이 당연히 지니고 있었지만 지금은 전혀 당연하지 않은 기술들을 다시 여성들에게 일깨우는 일에 아주 큰 관심을 두고 있다. 어린 시절 그녀는 방학이면 부모님과 함께 종종 캠핑카를 타고 여행을 떠났다. 그때는 항상 손을 움직여 뭔가를 해야 했다. 딱히 다른 수가 없었다. 자동차든 옷가지든, 항상 무언가를 직접 고쳐야 했다. 식구들은 모두 재봉틀을 다룰 줄 알았고, 그래서 낡은 물건들을 그냥 버리지 않고 어떻게든 달리 쓸 수 있게 만드는 일은 당연하기만 했다. 이것이 바로 그녀가 HUIJ에서 이 같은 수업과정을 만든 이유였다. 그녀는 말한다. "여성들은 자신감이 너무 없어요. 하지만 결국 모두들 해내고 말죠. 정말 놀라울 뿐이에요."

내 실험물리학 연구실에서는 여학생과 남학생의 차이가 전혀 없다. 장비를 조립하는 일이든 고장 난 전기설비나 기계장치를 수리하는 일이든 마찬가지다. 실험물리학을 공부하는 여학생들은 동료 남학생들과 똑같이 수리 유전자를 가지고 있다. 이것은 내가 직접 경험해봐서 아는 것이다. 비록 남녀 학생의 숫자가 비슷하지는 않지만 말이다.

그러나 리페어 컬처에 점점 더 힘이 실리면서, 성 역할에 대한 낡고 진부한 고정관념 역시 점차 극복되어가는 듯하다. 내가 어릴 때만 해도 상황은 달랐다. 그때만 해도 남자아이들은 자동차와 나무 블록을 가지고 놀았고, 여자아이들은 인형놀이, 소꿉놀이를 하는 것이 보통이었다. 하지만 현재 국립독일박물관의 관람객 통계에서도 뚜렷이 알수 있듯, 아이들과 청소년의 경우 남녀 비율에 큰 차이가 없다(이는 물론 많은 학교에서 단체 관람을 하는 것과도 상관이 있을 테지만). 나이대가 올라갈수록 남성 관람객의 비중이 커지는데, 60세 이상 관람객의 경우 남성이 70퍼센트에 달한다. 이들에게 기술 관련 전시물들은 남성의 것이었음을 여실히 보여주는 사례일 테고, 독일요리책박물관의 경우는 아마도 이와 정반대의 통계가 나타날 것이다.

아무려나, 과거에 여성 고유의 것으로 여겨졌던 활동들 역시 수공예와 관련한 지식과 능력을 전수하는 일은 구세대가 해야 할 일이 될 것이다. 독일이 경제 기적에 고무되어 있는 사이, 집집마다 지하실이나 허름한 창고 한쪽에 있던 작업실들은 미니바와 실내 사우나에 자리를 내어 주었고, 그것은 바느질방이나 구석 자리도 마찬가지였다. 1960~1970년대에 성장기를 보낸 이들은 그 전 세대만큼 뭔가를 고치고 수선하는 경험을 쌓을 수 없었다. 서비스 산업이 성장하면서 농업과 공업은 뒤로 밀려났다. 할아버지가 아버지보다 실톱이나 스패너를 더 잘 다루는 것도, 어머니보다 할머니가 뜨개질과 바느질을 훨씬 더 잘하는 것도 놀랄 일이 아니다.

하지만 현대의 리페어 컬처는 성별을 가리지 않으며, 사물의 근본을 이해하고 더 크리에이티브하게 살아가고자 하는 연대일 뿐이다. 이것이 팩트다.

함께 한번 해봅시다!

이번 챕터에서 나는 여러분의 마음을 좀 흔들어 자극해볼까 한다. 여러분 안에 숨어 있는 수리·수선 전문가를 한번 찾아내보는 것은 어떨지! 아래에 소박하게 정리되어 있는 일지는 그런 여러분에게 조금이나마 도움이 될 것이다. 2012년 8월의 이 기록들은 대체로 소소하지만 꼭 해야 하는 일이기도 하다. 이때 내가 거의 매일 뭔가를 만지고 고칠 수 있었던 것은, 매년 8월이 휴가이기 때문이기도 하다.

8월 1일 / 상수도 시설 수리: 고장 난 다이오드 교체.

8월 2일 / 진공청소기 노즐 수리, 주방 찬장 손잡이의 나사 조임.

8월 3일 / 욕실장의 12볼트짜리 전등을 새것으로 바꿈.

8월 5일 / 욕실장 나사 조임, 경첩에 윤활유를 바르고 위치 조정.

8월 6일 / 러닝머신의 구부러진 나사를 펴서 새로 조이고 접힘장치를 바로잡음.

8월 7일 / 아이들 방 천장 조명의 금속 지지대가 부러져 새로 나사를 박고 고리를 걸어 고정함, 라디오 스위치의 접촉부에 녹 방지용 코팅스프레이를 뿌리고 윤활제를 바름.

8월 8일 / 이어폰의 스펀지 커버를 새것으로 갈아 끼움: 고무나 다른 중합체가 다 그렇듯 스펀지 역시 점점 소모되는 물질이지만, 다행히 해당 모델의 전문 판매점에 가서 스펀지 덮개를 샀음. 콘스탄탄(구리와 니켈의 합금)으로 전기저항선을 만들고 큰 스펀지 덩어리로 직접 멋진 스펀지 덮개를 만들 수도 있을 듯.

8월 9일 / 오랫동안 안 쓰던 제너럴 컴퓨터사의 1988년식 레이저 프린터를 다시 쓸 수 있을까 하고 고쳐보았으나 실패하고 재활용품 수거함에 전자 폐기물로 버림,

세탁기 거름망과 입수구 필터 청소, 석회질과 세제 찌꺼기 제거.

8월 10일 / 창문의 블라인드가 매끄럽게 움직이도록 블라인드 박스의 나사 조임, 블라인드 날개를 연결하는 끈을 조이고 위치가 어긋난 날개를 바로잡음.

8월 11일 / 커피머신의 석회질 제거.

8월 12일 / 수영장 파도 발생장치의 펌프 교체.

8월 13일 / 위성신호 계측기를 이용해 바람에 기울어진 파라볼라 안테나의 위치를 바로잡은 다음 구멍을 새로 뚫고 금속 지지대를 이용해 차고 지붕에 나사로 고정함.

8월 14일 / 욕실 수전함 옆쪽 떨어져나간 타일을 새로 붙임, 유튜브에 올라온 수리 안내 동영상의 도움으로 아이팟5 나사를 풀어 배터리를 꺼내고 규격을 확인한 다음 교체할 배터리를 인터넷으로 주문함.

8월 15일 / 프로젝션 램프의 케이블 연결.

8월 17일 / 샤워기 헤드를 청소하고 석회질을 제거함.

8월 18일 / 소파용 탁자를 새로 만들기 위해 판자를 자르고 타일을 붙임, 구식 축음기의 사운드박스 고무를 새것으로 바꿈.

8월 19일 / 벽면 책장의 조명장치에서 플러그를 빼고 벼룩시장에서 구입한 앤틱 전기난로의 전열코일 접촉부를 깨끗이 청소하고 나사로 고정함.

8월 20일 / 보조 엔진이 장착된 내 자전거 비앙키 아퀼로 토의 카뷰레터 청소.

8월 21일 / 금이 간 유리 전등갓을 유리 전용 특수접착제로 붙임.

8월 22일 / 언젠가부터 흔들리던 내 피아트 캄파뇰라의 라디오 안테나를 고정시킴: 너트 와셔를 새것으로 바꿔 끼우고 접촉부를 샌드페이퍼로 갈아냄, (어머니가 직접 짜주신) 니트 재킷에 올이 풀린 부분을 이어서 떠넣고 지퍼 막음쇠를 새것으로 바꿈.

8월 23일 / 피아트 캄파뇰라의 녹슨 부분을 갈아내고 얇게 틈을 메운 다음 평평하게 문지르고 페인트를 새로 칠함.

8월 24일 / 휴대용 앰프의 신치 케이블을 새로 바꿈, 마이크 스탠드가 더 잘 움직이도록 높이 조절용 나사를 손봄, 사이키 조명의 사이리스터*를 새것으로 바꿈.

8월 25일 / 정원용 의자의 다리 용접.

8월 26일 / 잔디 깎는 기계의 점화플러그 청소.

8월 27일 / 찢어진 자전거 타이어 땜질, 전류·전압 측정기

---

* 많은 양의 전류나 전압을 제어하는 데 쓰이는 반도체장치.

인 오실로스코프의 가변저항기 교체.

8월 28일 / 실외 온도계의 배터리 박스 청소, 접촉부를 닦아내고 기름칠함, 지붕 처마에 연결된 구리로 된 물받이 나사가 헐거워 빗물이 벽을 타고 흘러내려서 나사를 다시 단단히 조임, 빗물이 새는 바람에 페인트가 들떠 일어난 벽면을 긁어내고 새로 마감함, 정원에 금간 판석 틈을 시멘트 모르타르로 메워 넣음.

8월 29일 / 피아트 캄파뇰라에 새 안테나 장착, 월리처 뮤직박스의 턴테이블 플래터와 톤 암 부분을 조정하고 무게추 쪽에 윤활유 바름.

8월 30일 / 지붕의 물받이 나사 다시 고정.

8월 31일 / 가죽 바지 벨트 버클이 떨어져서 새로 바느질해 붙임.

누군가는 우리 집이 아주 낡았나 보다 생각할 수도 있겠지만, 우리 집은 좀 복잡할 뿐이다. 전에 살던 사람이 직접 지은 이 집은 어딘가 끊임없이 손을 봐야 한다. 고장 난 뻐꾸기시계부터 정원의 펌프, 아내가 내내 불평하는 흔들리는 욕실의 전등까지 말이다.

딱히 내세울 만한 것은 아니지만, 이 일지는 개인적으로 몹시 뿌듯하다. 이 일지를 통해 보여주고 싶은 것은, 우리가 가정에서 맞닥뜨리는 크고 작은 많은 문제 가운데 우리가 직접 고칠 수 있는 것이 얼마나 많은지, 또 그런 일거리가 얼마나 다양한지에 관한 것이다. 이 문제들을 직접 해결하다 보면 꽤 큰돈을 절약할 수 있으며, 더불어 크고 작은 재미도 느낄 수 있다. 물론 이미 많은 사람들이 그렇게 하고 있을 것이다. 특히 집주인들은 언제나 뭔가를 고치고 있겠지만, 다른 이들에게도 알려주어야 한다.

직접 해보면 다들 알겠지만, 여러분은 할 수 있고 배울 수 있다! 일단 무엇이든 직접 한번 해보는 것이다. 물론 BMW1이 덜덜거린다고 차에 손을 대라는 말이 아니다. 그러기에는 요즘 자동차들에는 너무 많은 첨단 기술이 내장되어 있으니 말이다.

앞서 말했다시피 직접 무언가를 수리하는 데에는 당연히 한계가 있으며, 뻔한 실패에 부딪히거나 시대착오적인 사람이 되지 않으려면 이 사실을 받아들여야 한다. 그리 큰 좌절이 아니라면 우리는 작은 실패들을 통해서도 무언가를 배울 테고, 성공적으로 무언가를 해냈을 때는 더 큰 것을 배울 것이다. 간단한 것부터 일단 시작해보자. 어린 시절 직접 만들어보았던 것들도 나쁘지 않다. 단순히 어딘가 부러진 물건을 붙여볼 수도 있고, 아이들이 좋아했던 고장 난 장난감을 새로 사기 전에 일단 고쳐볼 수도 있다. 할 수 없을 것 같다고? 아니, 모두 할 수 있다. 누구라도 무언가를 직접 만지고 고치는 문화를 다시 익힐 수 있다. 성공은 당연히 보장되어 있으며, 여러분은 성공의 기쁨 역시 맛볼 수 있을 것이다. 이 체험에는 돈이 들지도 않는다. 수리·수선은 단순히 노동하고 수고하는 일이 아니라 개인적으로 크게 성장할 기회를 가져다줄 것이다.

무언가를 직접 고쳐본 일이 아무리 오래전이라 해도 여러분에게는 멋진 이웃들이 있다. 어쩌면 예전에는 다들 그렇게 함께 가구를 만들고 터진 바지를 꿰매고 벽에 선반을 걸었을지도 모르겠다. 다만 여러분이 그런 일에 큰 추억이 없는 것일지도.

이따금 뭔가를 고치다가 괜히 짜증만 났던 경험도 있을 것이다. 당연히 있어야 할 곳에 공구가 없고, 당장 필요한 중요한 부품이 없고, 사용설명서를 아무리 들여다봐도 무슨 소리인지 모르겠고, 가구를 다 조립하고 나서 보니 여전히 나사가 세 개나 남아 있어 또 끙끙거리게 되는 그런 일 말이다.

다른 모든 일들이 그렇듯이, 이 일에도 어느 정도 연습과 경험이 필요하다. 그래야 이 일에 재미를 느낄 수 있다. 오랜만에 다시 러닝화를 신거나 그림 붓을 잡는 것과 다르지 않다. 여유를 가져야 한다. 처음부터 너무 많은 것을 해내려고 해서는 안 된다. 작은 성공의 경험들을 쌓으면서 재미를 느껴야 한다.

이런 경험을 쌓는 데에는 물론 다양한 방법이 있다. 또한 저마다 다른 삶의 경험에 따라 빨리 익히는 사람도, 조금 뒤처지는 사람도 있을 것이다. 따라서 무엇보다 자신에게 맞는 방법을 찾아야 한다. 여러분이 하고 싶은 것은 무엇인지, 또 할 수 있는 것은 무엇인지 꼼꼼하게 따져보아야 한다. 그것은 다른 누구도 알려줄 수 없다. 여러분이 직접 주의를 기울여 자신을 파악해야 한다.

다음에 이어질 몇 가지 제안은 일종의 작은 팁이라고 여기고, 각자 상황에 맞게 조정해보면 좋겠다.

차근차근 수리·수선에 다가가는 법

1. 리페어 카페 같은 곳이 새롭다 여겨지면 각자 근처에서 비슷한 곳들이 있는지 한번 찾아보자.
2. 그곳에서 어떤 일을 하는지, 어떤 서비스를 제공하는지 살펴보자. 가능하다면 직접 가보는 편이 좋겠다. 그곳에 가면 여러분 손으로 직접 무엇을 할 수 있을지도 찾을 수 있고, 수많은 아이디어를 얻고 자극받을 것이다. 무엇보다 여러분은 무언가를 고치고 수리하는 것이 골방에서 혼자

툭탁거리는 일이 아니라 다른 사람들과 함께할 때 훨씬 즐거운 일임을 알게 될 것이다.

3. 이제 첫 번째 프로젝트를 정해보자. 적절한 교육을 받지 않은 상태라면 일단 전자기구는 건드리지 않는 편이 좋겠다. 처음부터 굳이 아끼던 가구나 값비싼 시계 혹은 자동차를 선택하는 것도 바람직하지 않다. 조금 간단해 보이는 일, 첫 시도에서 실패해도 그다지 피해가 없을 만한 물건으로 시작해보자. 등받이 없는 의자 다리가 흔들린다거나, 커피잔 손잡이를 여태껏 붙이지 못하고 있다거나, 블라우스 단추가 떨어졌다거나, 스웨터에 좀이 슬어 구멍이 났다거나…… 이런 것들이야말로 첫 출발로 삼기에 완벽한 프로젝트다.

4. 유튜브나 다른 비슷한 플랫폼을 뒤져 여러분의 프로젝트에 도움을 받을만한 동영상이 있는지 찾아보자. 여러분에게 필요한 동영상들이 이미 얼마나 많은지 알면 아마 깜짝 놀랄 것이다.

5. 뭔가 새로운 것을 시작하다 보면 조금쯤 흥분하게 되는 것도 당연하다. 그러니 최대한 주변을 정리하고 침착하게 해야 한다. 가능하면 아무에게도 방해받지 않고 작업할 장소를 찾는 것이 좋다. 볕이 잘 들어야 하고, 충분한 공간을 확보해야 하며, 갑작스럽게 방해받는 일이 없어야 한다.

중간 결과물을 놓아둘 수도 있다면 가장 이상적인 공간일 것이다.

6. 충분한 시간을 가지고 계획을 짜야 한다. 처음으로 무언가를 시도해서 멋진 결과를 기대하고 있는데, 시간이 없어서 실패하는 일은 없어야 할 테니 말이다.

7. 어떤 공구가 필요한지, 어떤 부재료가 필요한지 미리 검토해야 한다. 작업을 시작하기 전에 이런 것들이 손만 뻗으면 잡을 수 있는 곳에 있어야 한다. 도움이 될만한 동영상이나 사용설명서를 찾았다면 작업 내용을 머릿속으로 미리 한번 그려보면서 빠진 게 없는지 확인해보는 것이 좋겠다.

8. 작은 공책을 준비해서 그날그날 작업 일지를 기록하는 것이 좋다.

9. 또 하나, 꼭 혼자서 이 프로젝트를 해낼 필요가 없다는 사실을 잊어서는 안 된다. 다른 이들과 함께할 때 여러분은 훨씬 더 큰 즐거움을 맛볼 것이다. 그들은 이웃일 수도 오랜 친구일 수도 있으며, 왠지 불안하다면 여러분이 직접 클럽을 하나 만들 수도 있을 것이다. 예를 들어, 국립독일박물관 직원들과 그 맞은편에 자리한 독일특허청 직원들은 따로 작은 모임을 만들어 한 달에 한 번씩 모인다. 만날 때마다 각자 수리해야 할 물건들을 하나씩 가져오는데,

사무실에서 쓰는 커피머신부터 벼룩시장에서 싸게 산 골동품까지 다양하다. 그들 가운데 다수가 물리학자지만, 그렇다고 그들이 고장 난 토스터나 전자레인지, 혹은 커피머신 같은 기계 전문가는 당연히 아니다.

가끔 시간이 날 때 나도 이 모임에 가는데, 갈 때마다 몹시 즐겁다. 모임에 가면 테이블 위에는 고장 난 기계가 놓여 있고, 누군가 한 사람이 일어나 말을 시작한다. "여러분, 대체 뭐가 문제인지 함께 생각해봅시다. 어디가 고장난 걸까요? 이 기계를 다시 작동하게 하려면 어떻게 해야 할까요?" 리페어 카페가 그렇듯, 이 클럽 역시 단순히 고장 난 기계 이야기만 하는 곳이 아니라 일종의 사회적 만남이 이루어지는 플랫폼이다. 이러한 교류를 통해 사람들은 다른 문제들 역시 이 관계를 통해 해결해나갈 수 있다는 인식을 키워가게 된다. 무엇보다 흥미로운 점은, 이런 모임에서 미래의 기술이 우리에게 무엇을 가져다줄지, 사회가 얼마나 빨리 변하고 있는지, 또 계속 유지해야 할 현재의 가치는 어떤 것들인지, 변화가 필요한 것은 어떤 것들인지 따위를 이따금 함께 사유하기도 한다는 것이다.

이렇게 수리·수선하는 것 외에, 무언가를 사야 한다면 '자체 제작' 브랜드에 투자하는 것도 좋은 방법이다. 예를 들어 일주일에 한 번 열리는 장터에서 구입할 수 있는 자체 제작 브랜드 의류 가운데는 오늘날 전 세계에 유통되는 저가 의류 브랜드 제품보다 훨씬 더 비싼 제품도 있을 것이다. 그렇다 해도 장기적인 안목으로 봤을 때 이런 제품을 구매하는 것을 고려해보면 좋겠다. 아니면 직접 독창적인 무언가를 만들어보는 것도 좋다. 충분히 해볼 만한 일이다.

직접 무언가를 다시 고칠 수 있게 되었을 때 그 물건은 진짜 여러분의 것이 될 것이다. 아시아 어느 나라에서 생산된 어떤 제품을 살 때, 나는 사실 그 물건과 멀리 떨어져 있다. 나는 그 제품이 생산되는 과정에 어떤 일들이 있었는지, 그것이 어떻게 작동되는지, 왜 다른 기능은 없는지 전혀 알 수가 없다. 그 제품에 대해 알 수 있는 것이라곤 사용설명서에 쓰여 있는 내용들뿐이다. 그러다가 어디 작은 고장이라도 나면 나는 별 고민 없이 내다 버리고는 새것으로 바꿀 것이다. 그 외엔 달리 방법이 없는 경우도 드물지 않다.

리페어 컬처는 우리에게 제품에 정서적으로 접근하는 길을 열어준다. 무언가를 직접 조립해보고 만들어본 적이 있거나 최소한 한 번이라도 무언가를 제대로 고쳐본 적이 있다면, 물건을 그렇게 쉽게 버릴 수가 없다. 도저히 불가피한 경우가 아니라면 말이다. 결과물이 그리 흡족할만한 것이 아니어도 마찬가지다. 오히려 그 반대로, 어떻게든 그 물건을 고쳐서 쓰려고 애쓸 것이다. 비록 그것이 평범한 망치 하나라 해도 말이다.

내가 이렇게 리페어 컬처를 강조하는 것은 수공업자들의 일거리를 빼앗으려는 것이 아니다. 오히려 그 반대다. 리페어 컬처를 일깨움으로써 우리 모두 더 뛰어난 능력을 발휘하고 더욱 자율적인 존재가 되자는 것이며, 또한 청소년들에게 다시 수공업의 매력을 알려주려는 것이다. 즉 다음 세대에게 오히려 수공업 관련 분야를 광고하는 것이다. 뮌헨처럼 물가가 비싼 도시에서 오래전부터 터를 잡고 사업을 해오던 수공업자들이 집세를 감당하지 못해, 혹은 벌이가 충분하지 못해 하나둘 문을 닫고 있다는 사실은 내 눈에는 하나의 비극이다. 언젠가는 많은 수공업자들이 번화가에 가게를 열면 좋겠다. 그것이 가능할지 어떨지는 우리 소비자들에게 달려 있다. 엔지니어들 역시 마찬가지다. 엔지니어들은 각자 수공업자로서의 자기 자질을 인지하고, 사물을 정확하게 관찰하고, 직접 써보고, 또 고칠 줄 알아야 한다. 어떤 물건이 고장이 났을 때 무엇이 문제인지 찾아낼 줄 아는 사람들만이 우리 문명이 기대고 있는 근본적인 역학관계에 실질적으로 접근할 수 있을 것이다. 책만 봐도 알 수 있다. 인쇄업자의 기술이 없었다면, 요하네스 구텐베르크와 석판 인쇄술을 발명한 알로이스 제네펠더가 없었다면 지금과 같은 책의 모습은 볼 수 없었을 테니 말이다.

○

수리·수선을 하면
어떤 보상이 뒤따르는가

리페어 클럽

앞에서 이미 공동체의 면모에 대해 이야기했지만, 나는 함께 무언가를 고쳐나간다는 것이 얼마나 유익한 일인지 살면서 직접 경험할 수 있었다.

한 예로 진공관 앰프는 내 오랜 열정의 대상이었으며, 근본적으로 나는 라디오 수집가였다. 물론 처음부터 라디오를 혼자 수리할 수 있었던 것은 아니다. 요즘도 나는 내가 벼룩시장 타입이라고 부르는 친구들에게서 종종 도움을 받는다. 그들의 삶을 알게 되면서 엄청난 부자가 된 것만 같았다. 무언가를 고치는 일에 한해 내 일대기를 살펴보자면, 그것은 외부의 도움을 받아 직접 해보면서 손에 익힌 일련의 과정이라 할 수 있다. 조언을 구할 수 있는 친구들, 비슷한 성향의 무리가 주변에 있다는 것은 좋은 일이다. 바로 그 덕분에 나는 점점 더 새로운 사물에 손을 댈 수 있었다. 뭔가를 고칠 때면 지금도 가까운 전문가들의 도움을 받는다. 진공관만으로 그런 놀라운 소리를 내는 월리처나 록올라Rock-ola 뮤직박스를 수집하기 시작하면서는 더욱 큰 도움을 받았다.

뮤직박스는 혼자서든 친구의 도움을 받든 직접 손으로 고칠 수 있는 가장 복잡한 전자기계일 것이다. 이 기계가 어떻게 작동하는지 내가 직접 샅샅이 살펴보아서 하는 말이다.

일단 나는 도서관부터 뒤졌고, 《아마추어 무선(햄 HAM) '방송'Der Radio-Amateur 'Broadcasting'》이라는 흥미진진한 책을 찾아냈다. 1923년에 발간된 이 책은 제8장에서 진공관 앰프를 다루고 있는데, 어떻게 하면 진공관 라디오를 다시 작동시킬 수 있는지 자세하게 설명하고 있다. 이 책을 쓴 오이겐 네스퍼Eugen Nesper는 고주파 공학자이자 무선 방송의 선구자로, 이제 막 관심을 가진 초보자들도 진공관 앰프를 이해할 수 있을 정도로 알기 쉽게 전달하려 애썼다.

한데, 요즘 나오는 입문서나 안내서들은 전문가들을

위해 쓰인 것들이 더 많다. 그래서인지 책에서 다루는 테크닉은 당연히 더 복잡하고, 대상을 직접 설명하지 않는 듯한 인상을 준다. 반면 최근에 동독의 한 출판사에서 나온 책한 권을 구했는데, 보석 세공사와 시계 제조업자를 위한 학습 교재였다. 이 책을 읽고 나서 시계태엽이 어떻게 움직이는지, 또 반지 사이즈를 어떻게 늘이는지 어렵지 않게 이해할 수 있었다.

학생 때 《브렘스의 동물 사전Brehms Tierlexikon von A bis Z》을 읽으면서도 비슷한 경험을 했다. 그야말로 대단한 책이었다. 거기에는 아래위 부리가 서로 어긋나 있는 솔잣새의 분자생물학 같은 것들에 관해서는 아무것도 나와 있지 않지만, 양서류용 테라리엄을 어떻게 설치하면 되는지 이 책보다 더 잘 정리해놓은 책은 어디에서도 볼 수 없었다. 알을 부화시켜보겠다며 딸아이가 도마뱀 한 마리를 가져왔을 때 특히 큰 도움을 받았다.

기계설비 조립이나 수리에 관해서라면 요즘에 나오는 안내책자보다 예전에 나온 책들이 훨씬 더 이해하기 쉬울 때가 많다. 물론 대체로 예전에는 기계들이 더 단순하기도 했지만, 내 말은 오래되었다고 해서 다 쓸모없어지는 것은 아니라는 뜻이다. 저널리스트들은 언제나 내게—심지어 때로는 약간 힐난조로—묻곤 한다. "헤클 선생님, 기술에서 새롭다는 것은 대체 무엇입니까? 나노 기술에서는 무엇이 새롭습니까? 자연과학의 'the next big thing(차세대의 획기적인 기술·물건)'은 무엇입니까?" 그럴 때 내 최선의 대답은, 하노버 출신의 영국인 천문학자이자 음악가인 윌리엄 허셜Wilhelm Herschel이 내놓은 대답과 비슷하다.

천왕성을 발견한 허셜은 영예롭게도 런던 왕립학회 회원이 되었으며, 당시 영국의 국왕이었던 조지 3세로부터 재정 지원을 받았다. "대체 새로운 게 뭐가 있겠소, 허셜 경?" 국왕을 알현했을 때 왕은 그에게 물었고, 그는 이렇게 대답했다고 한다. "그런데 폐하께서는 옛것들을 다 이해하고 계신지요?"

하지만 뭔가를 고치고 싶다면, 단지 책으로만 배워서는 안 된다. 수리·수선을 할 때는 다른 사람들과 개인적으로 반드시 교류해야 한다. 뭔가를 함께 고치다 보면 다른 사람의 경험을 통해 많은 것들을 배우게 된다. "어떻게 그런 걸 다 할 줄 알지? 나라면 그런 생각은 절대 못 했을 것 같은데 말이지……." 이렇게 수리·수선은 인간과 인간 사이의 의미 있는 교류를 가능하게 하는 하나의 사회적인 이벤트가 된다. 이런 이벤트는 스패너가 바닥에 떨어지기만 해도 벌써 시작된다. 그런 특유의 '소리'가 들리면 누구라도 지금 이웃이 오토바이 밑에 들어가 수리를 하고 있구나

139

알게 되는 것이다. 우연히 지나가다가 눈이 마주치면 잠깐 이야기를 나눌 좋은 기회가 되기도 한다. 이웃과의 대화가 갖는 사회적인 기능은 결코 과소평가되어서는 안 된다. 좀 과장해서 말하자면 그런 대화가 정원 담장을 넘어간 사과나무를 두고 벌어지는 길고 지루한 소송을 막아준다.

지인들과 함께 매주 한 번 수리·수선의 밤을 가지는 친목 모임이 있다. 이 자리에서는 수리·수선에 대한 이야기가 끝없이 이어지며, (대체로 그렇지만) 괜찮은 와인이라도 한 병 있을 때는 한 가지 안건을 놓고 본격적으로 논의하기도 한다. 최근에는 그라인더가 고장 난 에스프레소 머신이 문제였다. 우리는 먼저 그 기계를 분해한 다음, 중요한 부품 가운데 하나가 금속이 아니라 그다지 강하지 않은 플라스틱으로 만들어져 있으며, 그래서 얼마 못 가 부서지고 말았다는 것을 알아냈다. 열심히 뒤진 끝에 우리는 한 온라인 숍에서 대체 부품을 찾아냈고, 다음 모임 때 그것을 갈아 끼웠다. 모임은 점점 커지고 있는데, 이들이 모두 물리학자나 엔지니어들인 것은 아니라는 점이 흥미롭다. 그 가운데에는 변호사도 있고 철학자도 있다. 아직은 없지만 여성들이 있다면 훨씬 좋을 것이다. 여성이 없으면, 물리 수업이나 수학 수업 시간에 으레 그렇듯 남자들이 아는 게 더 많다고 여기게 될 위험이 있으니 말이다. 우리 모임은 아직 그 정도로 크지는 못했지만, 새로 생기는 리페어 클럽들은 이제 그렇지 않다. 좋은 신호다. 아무튼 우리 수리·수선 모임은 다양한 분야에서 활동하는 사람들이 참여하고 있어, 안타깝게도 종종 도저히 조정하기 어려운 듯 보이는 자연과학과 인문과학 사이의 이른바 '문화 충돌'을 깨끗하게 극복했다. 실제로 우리 모임에서는 지나치게 값싼 생산 방식이나 제품의 짧은 수명, 혹은 품질이 좋은 제품일 경우 가격을 얼마나 높게 책정할 수 있을까 하는 문제 등을 이야기할 때 가장 활발하게 토론을 이어나가곤 한다.

나의 비앙키 아퀼로토와 벼룩시장에서 만난 인연

수리·수선과 관련해서는, 전문가들이 그들의 전문 지식을 독점하려거나 하는 일들은 전혀 일어나지 않는다. 오히려 자신의 지식을 다른 사람들에게 어떻게든 알려주려 애쓴다. 나 또한 여러 차례 이런 경험을 했다. 보조 엔진이 장착된 1942년식 비앙키 아퀼로토를 직접 한번 손보려 했을 때도 그랬다.

내가 아주 좋아하는 이 자전거가 언젠가부터 상태가 안 좋아지기 시작했다. 뒷바퀴의 드레일러를 통해 힘을 전달하는 2행정 엔진이 전혀 동력을 전달하지 못하는 것 같았다. 간단한 원인 몇 가지를 배제해보았지만 어떻게 하면 자전거를 다시 제대로 달리게 할 수 있을지 전혀 알 수 없었다. 그러던 중 우연히 오버암머가우의 어느 벼룩시장에서 나이가 지긋한 한 남자를 만났다. 그가 펼쳐놓은 매대 위에는 소형 기계들과 부품들이 놓여 있었는데, 그 가운데 작은 연마기 같은 것이 마음에 쏙 들었다. 사실 그것으로 꼭 뭔가를 해야겠다는 계획 같은 것은 없었다. 그저 그 기계의 만듦새와 디자인, 그리고 단순한 기계 원리가 마음에 들었을 뿐이다.

"이게 뭔지 알고 있기나 한 거요?"

나이가 꽤 들어 보이는 남자는 내 생각을 읽기라도 한 듯 물었고, 나는 대답했다.

"아, 네. 정확하게는 잘 모르겠지만 어쨌거나 마음에 드는 물건이라서요."

"아, 그럼 내가 설명해드리리다."

알고 보니, 남자는 은퇴한 자동차 마이스터였다. 진짜 전문가가 내 앞에 있었던 것이다. 그는 자기 분야에서 모르는 것이 없었으며, 자신의 전문 지식을 나에게 알려주며 몹시 즐거워했다. 이럴 때 보통은 비슷한 수준의 동료들끼리 서로 아는 것들을 떠벌리는 정도겠지만, 이때 우리는 한 사람의 마이스터가 마치 제자를—나는 기꺼이 그 남자의 제자가 되었다―돌보아주는 것과 같은 수준이었다.

그의 설명에 따르면 그 기계는, 닳아서 뭉툭해진 선반용 바이트를 다시 날카롭게 벼릴 수 있는 특수장치가 부착된 특수연마기였다. 말하자면 일종의 수리공구였다. 나한테 그런 선반용 바이트가 있다고 하자, 그는 몹시 흥분했다. 내가 가지고 있는 바이트가 현대식 모델이 아니라 20세기 초에 제작된 아주 오래된 것이었기 때문이다. 그것 역시 만듦새가 몹시 마음에 들었던 데다 벨트 전동 방식이라 구입했던 물건이었다. 보통은 공작기계의 변천사를 보여주는 국립독일박물관의 전시실 같은 데서나 볼 수 있는 기계였다. 물론 박물관에 전시된 것이 훨씬 더 크기는 하겠지만 말이다. "아니 정말, 그렇게 오래된 바이트가 선생 댁에 있다는 겁니까? 어떤 모델인지 여쭤봐도 되겠소?"

우리의 대화는 점점 더 열기를 띠었다. 결국 벼룩시장이 파하지도 않았는데 남자는 짐을 꾸렸고, 나와 함께 우리 집으로 갔다. 그는 당장이라도 내 바이트를 보고 싶다고 했고, 나 역시 성향이 비슷한 이에게 아끼는 물건을 보여주었을 때 수집가들만이 느낄 수 있는 그 기쁨을 충분히 알고 있었으니 말이다.

집에 도착하자마자 우리는 곧장 차고로 들어갔다. 한때 자동차 기술자였던 남자는 미국의 사우스벤드southbend

사에서 1920년대에 만든 내 바이트를 보고 극찬했다. 물론 그걸로 끝이 아니었다. 그는 곧장 연마기를 꺼내어 내 바이트를 손보려 했다. "어떻게 작동하는지, 일단 직접 봐야 해요. 옛날에는 아버지가 아들에게, 또 할아버지가 손자에게 그런 걸 보여줬지만, 오늘은 내가 선생에게 보여드리리다." 그런 기계를 다루는 방법이라면 물론 책을 보면 어느 정도 알 수 있겠지만, 현장에서 직접 시연하는 것보다 더 나은 방법은 없다. 이런 기계들은 아주 세심하고 정확하게 다루지 않으면 오히려 실수하게 되기 십상이기 때문이다. 게다가 쇠를 갈아낼 때 불꽃이 튀는 장면을 함께 바라보는 것은 더 직접적이고 감각적인 체험이다. 당연히 우리는 손질한 바이트를 이용해 이것저것 시험해보기도 했다. 잠시 간식을 먹고 쉬기도 하면서 우리는 그날 늦게까지 함께했다. 무척이나 즐거운 시간이었다.

바이트 연마의 비밀을 모두 전수해준 뒤 그는 내 비앙키 아퀼로토를 발견했다. 완벽하게 복구된 것은 아니었지만 상태가 꽤 좋았던, 족히 70년은 된 자전거였다. 이탈리아의 어느 골동품 가게에서 산 것으로, 내 최고의 충동구매였다.

"예전 같지가 않네요. 요즘은 제대로 굴러가지가 않더라고요."

그의 눈길을 쫓다가 내가 입을 열었다.

"고치려고 해본 적이 있소?"

"배기통도 살펴보고, 공기압도 체크해보았습니다. 드레일러도 깨끗하게 청소하고요. 그런데 대체 뭐가 문제인지 아직까지 모르겠더라고요."

벼룩시장에서 만난 새 친구가 말했다.

"일단 한번 봅시다. 간단한 문제는 아니겠지만 어디가 문제인지 감이 좀 오는 데가 있으니까."

실린더를 분해해보니 문제는 금세 드러났다. 엔진 내부에 있는, 연소가스가 흐르는 도관이 과열된 것이었다. 하지만 좋은 소식도 있었다. 다행히 해결할 수 있는 문제라는 것이었다. 은퇴한 자동차 기술자는 즉시 해결책을 찾아냈지만 과정이 좀 복잡하다고 했다. "그러니까 일단 여기서 우리 둘이 직접 엔진을 분해한 다음, 내가 그것을 뮌헨 우리 집으로 가져가겠소. 집에 가서 그걸 해체해보리다. 이제 여기 더 있을 여유가 없으니 말이오." 우리는 그 말대로 했다.

일주일 뒤, 남자가 전화를 걸어왔다. "내가 완전히 해체해봤소. 한데, 내가 선생께 제안을 하나 하면 어떨까 하는데. 시간이 되면 우리 집에 한번 들러보겠소? 내가 가르쳐줄 테니 직접 한번 조립해보시구려. 그때까지 해체한 것들은 그대로 놔둘 테니 말이오. 부품들 하나하나 직접 눈으로 보는 거요. 도관도 솔로 닦아내고, 디테일들을 모두 살펴보고 나면 이 녀석에 대해 다 알게 될 거요. 그러면 다음에는 선생 혼자 할 수도 있을 거요."

그렇게 나에겐 스승이 생겼다. 무엇보다 나는, 내가 몹시 존경하는 새 친구를 얻었다. 요즘 우리 사회에서 충분히 평가받지 못하고 있는 어른들의 전형적인 사례가 바로 그와 같은 사람일 것이다.

리페어 컬처가 깨우는 우리의 가능성들

수리하고 수선하는 일은 적극적으로 무언가에 뛰어드는 행위이자 어떤 문제를 창의적으로 바로잡는 일이며, 또한 대안을 찾는 일이다. 대개는 제대로 된 지침서 없이 작업해야 하는 데다 대체할 수 있는 부품이 없어 때로는 그것을 직접 만들어내기도 해야 하며, 또 변변치 않은 작업환경에서 해내야 한다. 그래서 수리·수선은 창의적이지 않으면 할 수 없는 일이다. 우리는 각종 공구를 모두 가지고 있을 수도 없고, 수리할 물건의 제작과정도 다 알지 못하며, 또 그때그때 고칠 물건에 딱 맞는 계획을 세울 수도 없다. 특히 인공지능 분야와 관련해서는 수리·수선이 나아갈 길에 대해 분명한 지침을 마련하기에는 아직 준비가 덜 되어 있는 듯 보이는—그러니까 너무나 부족하게 규정되어 있는 듯한—시스템 문제를 해결해야 한다. 우리는 최대한의 가능성을 점쳐보고, 무수한 시행착오를 겪어야 한다. 그러니까 간단히 말해 무엇이라도 일단 창의적으로 시도해보아야 하며, 실수를 통해 배워나가야 한다. 다시 말해 스스로를 돕는 법을 알아가야 한다.

무언가를 수리하고 고치는 일련의 과정은 잠들어 있던 우리의 잠재력을 일깨워준다. 어린이와 청소년의 교육에서 개인의 역량을 확장시키고 새로운 가능성을 열어 보이는 일이 무엇보다 중요하다. 이야말로 발전의 핵심이며 학습의 본질이다. 유토피아 같은 소리로 들릴지 모르겠으나, 인구통계학적 관점과는 다른 측면에서 (직업적) 경험이 풍부한 어른들이 가지고 있는—그러나 발휘되지 못하고 있는—능력들을 젊은 세대들이 직접 체험해보도록 우리는 어떻게든 애써야 한다. 살아가는 동안 인간은 때때로 엄청난 능력을 개발하고 또 펼쳐 보이지만, 나이가 들면서 점점 더 그런 능력은 쓰이지 않게 되곤 한다. 능력을 발휘할만한 일감이 줄어들면서 그들은 관심과 주목의 대상에서 밀려나버린다. 비록 지금 일자리는 없지만 자기만의 노하우를 가지고 있는 사람들이 있는데, 다행히 이런 사람들이 리페어 카페나 리페어 숍 들을 통해 다시 제대로 인정받는 일자리를 찾도록 도와주는 운동단체들이 생기고 있다.

　뭔가를 고치고 수리하는 행위를 통해 각자의 능력을 개발하고, 자발적이고 독립적으로 움직이는 연습을 해보자. 다른 사람에게 의지하지 않는 경험들을 쌓아보는 것, 이런 경험들은 다른 어떠한 영역에도 적용할 수 있다. 어떤 일을 할 때 타인에게 인정받는 사람은 다른 분야에서 역시 학습 능력이 뛰어나다고 느낀다. 심리학자들은 실험을 통해 무력감을 경험하면 인간의 학습 능력이 억제됨을 밝혀냈다. 그러나 뭔가를 고치는 행위는 정반대 효과를 일으키는데, 뇌의 인지과정을 작동시키기 때문이다.

　실천의 첫걸음은 과감하게 다가가는 일이다. 예를 들어 토스터 하나를 제대로 고치고 나면, 그 성공 경험을 발판 삼아 새로운 모험을 감행할 수 있게 된다. 나아가 다른 사람들에게도 자발적으로 무언가를 해냈다는 이런 놀라운 경험에 대해 알려주고자 하는, 전도사와도 같은 열정을 발휘하게 된다. 지역의 수선·수리 모임 같은 곳에서 말이다. 전자제품을 다루든, 뜨개질을 하든, 아니면 함부르크에 있는 제작자들의 공간 같은 곳에서 열리는 공개 워크숍에서 잠금장치 따는 법을 배우든, 무엇이든 상관없다. 이 워크숍은 잠금장치 동호인들을 위한 프로그램인데, 초보자들은 여기서 다양한 종류의 자물쇠를 망가뜨리지 않고 여는 방법을 구경할 수 있다고 한다. 이곳에서 배운 지식을 부정한 목적으로 사용해서는 안 되겠지만.

점점 성장하고 있는 현재의 리페어 운동이 새로운 이유는 이러한 각각의 리페어 카페나 모임들이 인터넷상의 네트워크 안에서 특히 활발하기 때문이다. 어떤 곳들은 심지어 광고를 통해 직접 만든 물건들을 판매하기도 한다. 이런 플랫폼들에서 자신의 개인정보를 등록한 사람들 숫자만 봐도, 실제로 엄청나게 확장되고 있다. 디지털 원주민Digital Native이라 불리는, 1980년 이후에 태어난 청년들은 어른들에게 디지털 세계를 안내해주고, 반대로 어른들은 젊은 이들에게 기계 수리의 세계를 설명해준다. 말하자면 세대를 뛰어넘는 프로젝트다. 양로원 같은 곳에서 수리·수선 강좌를 열어 아이들과 청소년들을 초대해보는 것은 어떨까? 수리하고 수선하는 일에는 한계가 없으며, 여러 긍정적인 사회적 효과를 얻을 수도 있다. 이는 옛것에서 새 기술이 큰 도움을 얻을 수 있고, 새것에서 옛 기술 역시 그만한 도움을 얻을 수 있음을 보여주는 좋은 사례가 될 것이다.

자율이라는 우쭐한 기분

어느 날 나는 내 맥북에어의 이어폰 단자가 제대로 연결되지 않는다는 것을 알게 되었다. 그동안 내가 익혀온 여러 기술적인 지식과 테크닉뿐만 아니라 아주 특별한 사고과정 덕분에 나는 이 문제를 결국 성공적으로 해결할 수 있었다. 이것은 의사들이 하는 일과도 비슷하다. 그러니까 병력을 확인하는 것으로 시작해서 치료를 하고 결국 완치까지 시키는 일이다. 먼저 나는 정보를 수집했다. 정보 수집은 절대로 빠뜨려서는 안 되는 첫 단계다. 목공을 하든, 전자제품을 조립하든, 건물을 손보든, 아니면 차를 수리하든, 모두 마찬가지다. 간단해 보일 수도 있겠지만, 이 경우 정보 수집이란 말하자면 이런 것이다. 나는 이어폰으로 노트북 컴퓨터의 음악을 듣고 싶다. 하지만 컴퓨터에 이어폰을 꽂는 단자가 제대로 기능하지 않아 그럴 수가 없다. 이때 관련 정보란, 분명 이어폰 단자가 결함 부위라는 점, 그러니까 노트북 하드웨어 자체에는 아무 문제가 없다는 점이다.

어느 부분이 고장 났는지 범위를 좁혀나가는 일은 정신활동 가운데 하나로, 기술자가 되어 내 손으로 직접 일을 시작하기 전에 이루어지는 아주 중요한 체계적인 사고과정이다. 예컨대 전구만 해도 고장 난 원인을 찾는 일은 비교적 간단하다. 필라멘트가 끊어졌다면 상점에 가서 새 전구를 산 뒤 고장 난 것을 새것으로 바꿔 달면 된다. 필라멘트 문제가 아니라면, 일단 전원을 차단한 다음 전선, 플러그, 전구 소켓 들을 살펴보면 된다. 하지만 전구가 아니라 다른 경우라면, 그러니까 정원의 펌프 같은 것들이 고장 나면 그 원인을 찾아내기가 더 어렵다. 일단 전자 스위치 박스를 분해해야만 다이오드가 열로 인해 파손되었음을 알게 될 테고, 그런 다음에야 바로 이것이 펌프의 오작동을 일으킨 원인이었음을 밝혀낼 수 있을 것이다. 하지만 설사 다이오드가 무엇인지, 또 그것이 어떻게 기능하는지 잘 안다 해도 의문점이 남는다. 대체 어떤 종류의 다이오드란 말인가? 어째서 이것이 제어기에 들어가 있다는 말인가? 이건 대체 어디에 쓰이는가? 또 왜 이렇게까지 뜨거워진 걸까? 전류의 크기가 너무 세서, 전자류가 흐를 때 마찰이 커지는 바람에 저항체의 온도가 너무 높아진 걸까?

고장 원인을 정확하게 찾아내려면 일종의 전략 게임을 해야만 한다. 자전거 타이어에 펑크가 났든, 세탁기가 갑자기 말을 듣지 않든, 본격적으로 수리에 나서기 전에 일단 전략부터 세워야 한다. 이 전략은 르네 데카르트에 따른 실천적인 규범과 비슷한 것으로도 이해할 수도 있겠다. 즉 방법적 회의懷疑에서 시작해(대체 어디가 고장 난 것일까?), 분석을 거친 다음(각 부분별로 나누어 분석하고 거기에 따른 결과를 도출), 가설에 따라 설계를 하고(수리 과정의 진행), 그리고 다시 처음으로 돌아가는(제대로 고쳐졌는가?) 것이다.

갑자기 음악을 들을 수 없게 된 내 문제의 경우, 분석을 통해 얻어낸 결론은 이러했다. 그러니까 이어폰으로 노트북의 음성신호가 전달되지 않는다는 것이 문제였지만, 테스트 결과 이어폰엔 아무 이상이 없었고, 컴퓨터의 내장 스피커 역시 문제없이 음악을 재생하고 있었다. 그렇게 문제의 범위를 좁혔다. 이어폰도 컴퓨터도 아무 이상이 없으니, 이어폰과 컴퓨터의 접촉 부분, 즉 컴퓨터의 이어폰 단자에 문제가 있음이 틀림없었다.

그렇다면 이제 다음 단계로 행동을 옮겨야 한다. 컴퓨터의 이어폰 단자에 집중하는 것이다. 그 안쪽을 살펴보고 싶었지만, 그러려면 두 가지─밝은 조명과 돋보기─가 있어야 했다. 꼼꼼하게 살펴보기만 해도 더 많은 것들을 알아낼 수가 있다. 돋보기를 가져다 대자 과연 숨어 있던 것들이 모습을 드러냈다. 예전에 쓰던 오디오 케이블의 플러그 끝부분이 부러진 채 단자 안에 끼어 있었던 것이다. 당연히 그때까지 나는 그걸 전혀 알아채지 못하고 있었다.

다음엔 무엇을 해야 할까? 확인된 문제를 고치는 데에는 두 가지 방법이 있었다. 하나는 노트북 본체를 열어 안쪽에 있는 단자 구멍에서 부러진 이어폰 플러그의 끝부분을 제거하는 방법이고, 다른 하나는 노트북을 분해하지 않고 부러진 조각을 밖에서 빼내는 방법이었다. 일단 이 두 가지 방법으로 좁혀지긴 했지만, 여전히 나는 둘 중 어느 쪽을 선택할지 결론을 내리지 못했다. 단자 구멍이 정확하게 어떤 상태인지 확인하려면 노트북을 열어봐야 했는데, 맥북에어의 사용설명서는 있었지만 어떻게 하면 본체를 열 수 있는지를 알려주는 설명서는 없었기 때문이다. 하지만 그전까지의 여러 경험을 통해, 그런 문제를 바로잡을 수 있도록 도와주는 아주 뛰어난 동영상들이 유튜브에 있다는 것은 알고 있었다. 이러한 영상들은 지구상 온갖 나라의 사람들을 네트워크 안으로 불러들였다. 그들은 모두 비슷한 문제와 씨름하고 있었으며, 또한 문제를 아주 성공적으로 해결해낸 사람들이었다. 이런 영상들은 관련 분야에 문외한도 충분히 따라 할 수 있도록 알기 쉽게 설명하고 있어서, 이 영상들만 있으면 복잡해 보이는 문제들도 금세 해결할 수 있을 것 같았다. 혹 구체적인 해결책을 안내해주지는 못할지라도, 아주 간단하면서도 기발한 아이디어를 찾아내는 데 큰 도움을 주는 영상들도 있다.

인터넷을 뒤져보니 내 노트북 수리에 관련된 내용이 담긴 영상들이 금방 나왔다. 하지만 왠지 당장 컴퓨터를 열고 싶지는 않았다. 이어폰 단자 속에 들어 있는 부러진 플

153

러그 끝부분을 혹시 핀셋 같은 것으로 끄집어낼 수는 없을까 하는 마음이 들었다. 무작정 노트북 이어폰 단자 안으로 핀셋을 집어넣기 전에, 이제는 쓰지 않는 낡은 이어폰 플러그를 먼저 살펴보았다. 그러면 노트북의 이어폰 단자 구멍 속에 걸려 있는 부분이 어떤 모습을 하고 있는지, 또 이 '수술'에 어떤 핀셋이 필요할지를 정확하게 파악할 수 있을 터였다.

그걸 보자마자 머리에서 김이 올랐다. 그건 지름이 2밀리미터도 안 되는, 앞쪽은 둥글게 막혀 있고 뒤쪽은 뚫려 있는 관 모양의 작은 금속 조각이었다. 간단히 말해 스테레오 케이블의 한쪽 끝부분이었다. 상태를 파악한 후 핀셋을 쓰지 않기로 했다. 이 둥글고 매끄러운 금속 조각은 핀셋으로 잘 집히지 않을 것이 분명했다. 대신 나는 작업실에서 암나사를 깎을 때 쓰는 지름 2밀리미터짜리 탭 드릴을 가져왔다. 그 편이 성공 가능성이 더 커 보였다. 일단 뒤쪽에서부터 단자 안쪽 깊숙이 꽂혀 있는 관 모양 플러그에 나사산을 만들고, 그 안으로 나사를 돌려 넣은 다음, 핀셋으로 집기 편할 정도가 되면 플러그 끝부분과 함께 끄집어낼 생각이었다. 하지만 어림도 없었다. 이어폰 플러그 안에 도저히 나사산을 만들 수가 없었다. 부러진 플러그 끝부분이 탭 드릴과 함께 계속 헛돌기만 했다. 당연한 일이었다. 관 모양 플러그가 고정되어 있어서 밀리지 않아야 탭 드릴을 돌려 나사산을 만들 수 있을 테니 말이다. 축 방향 역시 마찬가지였다. 플러그 끝이 둥근 탓에 축을 중심으로 플러그가 함께 돌아버렸다. 그것까지는 미처 생각 못 했는데. 전혀 좋은 전략이 아니었다.

핀셋으로 바로 꺼내는 편이 더 나았을까? 하지만 평소엔 뭘 집을 때 너무나 유용한 핀셋도 아무 소용이 없었다. 수차례 시도해보았지만, 번번이 미끄러져 제대로 집히지 않았다. 수도 없이 게임을 계속했지만 전혀 소용없었다.

남은 방법은 이제 노트북 본체를 열어 직접 들여다보는 것뿐. 어쩌면 부러진 플러그를 꺼낼 수 있을지도 모른다. 하지만 문제는 어이없게도 이 노트북 모델의 경우 제조회사가 특수드라이버가 있어야만 본체를 열 수 있도록 만들었다는 사실이다. 노트북의 나사를 풀려면 '앨런 키'가 있어야 했는데, 일반적으로 쓰이는 육각 앨런 키가 이 모델에는 맞지 않았다. 내게 필요한 것은 오각 앨런 키였다. 이 말도 안 되는 부분을 돋보기로 다시 살펴보고 나서야 이를 인정할 수밖에 없었다. 오각으로 깎인 나사 구멍은 마치 꽃잎이라도 펼쳐진 듯 예뻐 보였지만, 아무리 예쁘다 해도 오각 구멍에 맞는 앨런 키가 있지 않은 이상 나한테는 아무 소용이 없었다. 단골 공구사의 점원 역시 어쩔 수 없다는 듯 고개를 가로젓기만 했다. 이제 다른 방법은 없었다. 인터넷을 뒤져 오각 앨런 키를 주문한 다음 우편물이 오기를 기다리는 수밖에.

우편물을 기다리는 동안 인터넷으로 내 상황에 가장 적합한 동영상을 찾아보았고, 유튜브에서 개빈 브라운이라는 사람이 올린 영상을 찾아냈다. '맥북에어 분해'라는 제목이 붙은 이 영상은 누구에게라도 추천할만한 훌륭한 게시물이었다. 개빈은 맥북 케이스의 나사를 어떻게 풀면 되는지 차근차근 설명했다. 5분 만에 나는 어떤 나사를 풀어야 하는지, 나사 길이가 어떻게 다 다른지 모두 알게 되었다. "케이스가 워낙 꽉 조여져 있긴 하지만, 가만히 힘을 주어 당기면 열릴 거예요." 네트워크를 통해 배울 수 있는, 너무나 훌륭한 컴퓨터 조립 전문가의 일대일 지도였다. 물론 이에 따르는 위험은 모두 각자의 몫이다. 잘못 건드렸다가 보증조건 때문에 제대로 된 애프터서비스를 못 받을 수도 있다. 하지만 절대 간과할 수 없는 사실은 이러한 시도들이 긍정적인 경험을 하게 해준다는 점이다. 설사 뜻대로 잘 안 되었다 하더라도 우리는 자신감을 얻을 수 있고, 무엇보다 시도해보지 않으면 절대 알 수 없었을 것들을 깨닫게 된다.

노트북 케이스를 열었지만, 유감스럽게도 뒤쪽에서,

그러니까 이어폰 플러그를 꽂는 쪽에서는 이어폰 단자 구멍 안으로 접근할 수 없다는 것을 알게 되었다. 실제로 노트북 안쪽에서도 부러져서 끼어 있는 오디오 케이블의 플러그 끝부분에 접근할 수가 없었다. 이런 제기랄!

그러나 이어폰 플러그의 부러진 끝부분과 씨름한 사람이 나 하나만은 아니었는지, 개빈은 이런 상황에도 해답이 있었다. 나는 다시 노트북 케이스를 덮고 나사를 조인 다음, 개빈이 시키는 방법을 지켜보았다. 개빈은 이쑤시개 같은 것을 하나 준비한 다음, 그 끝에 특수접착제를 바르라고 했다(이 특수접착제는 두 가지 성분으로 되어 있으며, 이 두 가지 물질을 사용 직전에 섞어야 비로소 특별한 접착성이 생긴다). 그리고 접착제가 발라진 쪽을 이어폰 단자 구멍 안으로 집어넣는다. 그 뒤 접착제 성분이 마를 때까지 기다렸다가 모두 함께 조심스럽게 꺼내면 된다는 것이다.

바로 그거였다! 본능적으로 알 수 있었다. 제대로 길을 찾은 것이다. 몇 번 실패했지만, 이제 성공이 손에 잡힐 듯 눈앞에 있었다. 물론 개빈의 조언을 받긴 했지만, 마치 본능적인 감각으로 마침내 범인을 함정에 빠뜨리기 직전까지 온 수사관이라도 된 듯 흥분되었다. 그 과정에서 두 가지 성분으로 이루어진 특수접착제를 사용하라는 그의 조언은 일단 유보하기로 했다. 접착제라면 나는 늘 좀 의심하고 주저하는 편이다. 아주 적은 양의 접착제라도 때론 큰 문제를 일으킬 수도 있기 때문이다. 새 노트북을 어떻게든 망치고 싶지 않았다. 드릴과 펜치가 나한테는 더 익숙한 도구들이었다. 잠시 갈등했지만, 이번에는 접착제의 점착력이 믿을만해 보였다. 이쑤시개에 양면테이프를 감아서 사용한다면 이어폰 단자에서 플러그 조각을 끄집어낼 만큼 충분히 단단하게 붙지 않을 것 같았다.

물론 잠시 옆길로 새기도 했다. 두 물체 사이에 커다란 점착력을 전달해주는 복합성분의 특수접착제의 매혹적인 기능에 대해 곰곰이 생각해보지 않을 수 없었기 때문이다. 대학에 다닐 때 읽었던 저명한 물리학자 베르너 하이젠베르크Werner Heisenberg의 책《여러 한계를 넘어서Schritte über Grenzen》가 문득 떠올랐다. 하이젠베르크는 고등학생 때 이미 화학적인 결합이 각 원자와 원자 사이가 혹과 고리 같은 것으로 연결되어 있는 모양이라고는—그때만 해도 학교에서는 그렇게 가르치고 있었다—생각하지 않았다고 한다. 원자 차원에서 보면 두 개의 물질이 접착하는 현상은 아주 어려운 문제다. 서로 접촉하는 두 표면, 그러니까 내 노트북의 문제에서라면 한쪽은 이어폰 플러그의 금속 원자, 다른 한쪽은 나무 이쑤시개의 탄소원자인데, 이 두 물질을 견고하게 연결시킬 수 있는 것은 어떤 힘일까? 유도誘導쌍극자-쌍극자 상호작용*일까, 반데르발스Van der Waals 힘**일까, 아니면 접착제를 통해 간접적으로 어떤 역할을 하게 되는 화학적 공유결합***일까? 똑바로 선 채 유리벽을 오를 수도 있는, 그러니까 붙어 있으면서 동시에 한 걸음 한 걸음 움직일 수 있기까지 한, 게코 도마뱀 발바닥에 나 있는 나노 수준의 미세한 털들처럼, 자연이 선사한 접착물질은 대체 어떻게 그런 힘과 유연성을 가지게 되는 걸까? 질문에 질문이 꼬리를 물고 이어져, 나는 노트북 수리와는 점점 멀어지고 있었다. 누구나 이따금 그런 경험이 있을 것이다. 어떤 생각이 다른 생각을 낳고 거기서 또 다른 생각으로 끊임없이 이어지는, 짜릿하기도 하고 동시에 백일몽 같기도 한 경험 말이다. 다행히 잠시 후 다시 방향을 틀었다.

---

* 두 극성 분자가 가까이 접근할 때 그 쌍극자 사이의 정전기적 인력에 의해 일어나는 상호작용.
** 분자 간(때로는 원자나 이온 간에도 작용)에 작용하는 인력 중 가장 보편적인 인력.
*** 원자들 사이에 전자쌍을 공유하여, 그 결과 원자 사이의 인력과 반발력이 균형을 이루어 만들어지는 결합.

이쑤시개는 금방 찾을 수 있었다. 나는 아주 조심스럽게 특수접착제를 발랐다. 그날은 2012년의 마지막 날, 자정이 얼마 남지 않은 시간이었다. 나는 가만히 있을 수가 없었다. 얼마쯤 오기도 생겼다. 그날이 가기 전에, 그러니까 새해 전야에 꼭 성공하고 싶었다. 원래 미신 같은 것은 잘 믿지 않지만, 그래도 성공과 함께 새해를 맞이한다면 마치 포춘쿠키 속 행운의 말처럼 다가오는 한 해가 더없이 좋을 것임을 알려주는 신호일 거라 생각했다. 그때 나는 유명한 물리학자 닐스 보어Niels Bohr라도 된 듯한 기분이었다. 하이젠베르크는 동료 보어에 대해 이런 일화를 전한 적이 있다. 보어의 별장 대문에는 액운을 막고 복을 가져다준다는 말편자가 붙어 있었다. 그래서 물리학자가 정말 그런 미신을 믿느냐는 질문을 받곤 했는데, 보어는 이렇게 대답했다고 한다. "물론 믿지는 않지. 하지만 믿지 않아도 그게 도움이 된다고들 하지 않나." 얼마나 멋진 역설인가. 그랬다. 어쨌든 나 역시 노트북 수리의 성공을 다가오는 새해를 위한 좋은 징조라 생각했다.

30분 정도가 지났을까. 복합성분의 특수접착제가 이제는 단단하게 굳었을 것이었다. 자정이 되기 몇 초 전이었다. 나는 조심스럽게 이쑤시개를 빼냈다. 그래, 이거야! 나는 말할 수 없이 기뻤다. 다른 온갖 시도가 실패로 돌아갔지만, 결국 그 방법으로 성공했다. 나는 단자 안쪽 깊숙이 들어가 나오지 않던 그 부러진 금속 플러그의 끝부분을 이쑤시개로 꺼냈다. 폭죽 소리가 어두운 밤하늘에 크게 울려 퍼졌고, 샴페인의 코르크 마개가 뻥 소리를 내며 공중으로 튀어 올랐다. 드디어 새해가 시작된 것이다. 내 손에는 조그마한 기념품이 하나 놓여 있었다. 나는 그것을 소중히 간직하리라 마음먹었다. 마치 처음 빠진 젖니를 작은 상자에 넣어 소중하게 간직하듯 말이다. 첫 유치와 부러진 금속 플러그는 둘 다 많은 이야기를 품고 있는 어느 한 시절을 상징하는 물건이지만, 둘 사이에는 작은 차이가 있는데, 부러진 플러그만이 나를 수리하려는 생각과 움직임으로 이끈다는 것이다.

　　노트북을 서비스센터에 보내 이어폰 단자 부분을 몽땅 새것으로 교체하지 않고도 긴 시간 내게 골칫거리였던 그 금속 조각을 빼낸 일은 한없이 만족스러운 체험이었다. 물론 서비스센터에 보내서 수리할 수도 있었겠지만, 그랬더라면 내가 직접 문제를 해결해냈다는 뿌듯함은 맛볼 수 없었을 것이다. 적어도 그 이어폰 플러그에 관한 한은, 다른 사람 손을 빌리지 않고 적정한 조언과 도움만 받아 내가 직접 수리를 끝낼 수 있었음을 나에게 증명해 보인 것이니 말이다.

보론

어느 외딴섬에서 수리하고 수선하는 것이
삶에서 필수적인 일이 된다면

오래전부터 나는 머릿속으로 상상 게임을 해보곤
한다. 게임 속 조건은 매번 달라진다. 기본적으로는
일종의 로빈슨 크루소 게임인데, 게임 속에서 우리
는 어느 섬에 불시착하고, 그곳에서 새롭게 삶을 꾸
려나가야 한다. 무엇보다 먼저 충족되어야 할 것은
당연히 먹고 사는 기본적인 욕구일 것이다. 그러기
위해서는, 지금까지는 너무나 당연하게 사용해오던
도구들을 모두가 힘을 모아 새로 만들어내야 하고,
또 새로운 방법들을 찾아내야 한다.

성냥 없이 어떻게 불을 피울 수 있을까? 동료들과
모인 자리에서 불쏘시개 없이 대체 어떻게 불을 피
울 수 있을까 하고 질문을 던지면 대개는 침묵이 돌
아온다. 중세를 배경으로 한 소설의 독자들이나 광
물자원박람회 같은 곳을 가본 사람들이라면 어쩌면
답을 알고 있을지도 모른다. "부싯돌이 있어야 해."
그렇다. 나는 종종 이웃 아이들에게 부싯돌을 선물

하고, 그 부싯돌로 어떻게 불꽃을 일으킬 수 있는지 보여주곤 한다. 쇠붙이에 대고 그 부싯돌을 부딪치면서, 그 위에 불이 잘 붙는 솜 같은 것을 갖다 대는 것이다. 그렇게 불꽃이 이는 것을 본 컴퓨터 시대 아이들은 깜짝 놀란다. 이따끔 아이들은 직접 불을 일으켜보고 싶어 하기도 한다. 가상 세계에서뿐만 아니라 현실 세계에서 말이다. 사실 이런 불꽃이 어떻게 일어나는지 우리는 그 원리만 이해하면 된다. 물론 지하철을 타고 일터로 가는 요즘 사람들이 석기시대에나 쓰던 부싯돌로 난로에 불을 붙일 일은 없을 것이다. 그렇다고는 해도 이런 지식을 알고 있어서 나쁠 것은 없다. 현재의 우리 인간들은 현대사회의 발전에 토대가 되어준 기초과학적, 기초공학적 교육·문화·기술을 너무 모른다.

다시 섬으로 돌아가 보자. 그렇다면 이 섬 어디에 그런 부싯돌이 있을까? 어디를 뒤져봐야 할까? 지구과학, 광물학, 물리학, 화학에 대한 내 지식은 어느 정도이며, 그 지식들을 얼마나 실생활에 적용할 수 있을까?

다른 경우를 생각해보자. 그 섬에 호두 같은 견과류가 있다면, 그것을 먹기 위해 어떻게 그 껍데기를 깔 수 있을까? 간단하게 열기만 하면 되는 캔에 든 것이 아닐 테니 말이다. 호두를 까려면, 여기저기 떨어져 있는 호두를 주워 모은 다음 단단한 바닥에 올려놓고 돌로 내려치면 될 것이다. 하지만 그렇게 껍데기를 깬다고 해도 호두가 먹기 편하게 까질 리는 없다. 아마 작은 조각들로 부서져버릴 것이다. 그래도 먹을 수 있어 다행이긴 하지만, 왠지 오기가 생긴다. '그전'에 살던 세상에는 호두까기가 있었으니 말이다. 호두까기는 대체 어떻게 작동하는 걸까?

좋다, 칼이라면 그사이 우리 팀이 해결을 했고, 이 섬엔 굵은 나뭇가지도 충분하다. 그렇다면 나무를 깎아 호두까기를 만들 수 있을지도 모른다. 호두 알맹이를 부서뜨리지 않고 깨끗하게 껍데기를 분리해내려면 지렛대의 원리를 알아야 한다. 하지만 물리 시간에나 배웠을 이 법칙을 누가 아직까지 기억하고 있을까? (내 딸아이는 요즘에도 물리학자인 아버지가 작업실에서 야자열매 껍데기를 까는 것을 구경하며 재미있어 한다. 먼저 열매를 꼭 눌러 잡고 양쪽 끝에 드릴로 구멍을 뚫은 다음 과즙을 빼낸다. 아니면 일단 작은 칼집을 낸 다음 그 자리를 망치로 내려칠 수도 있다. 또 다른 방법들이 있을까? 그렇다면 이 방법들에 대해 간단한 전략 게임을 해볼 수도 있겠다.)

이런 식으로 사고실험을 하다 보면, 얼핏 단순해 보이는 우리 일상의 일들이 실제로는 그렇게 단순하지만은 않다는 사실을 깨닫게 된다.

다른 팀원들은 뭔가 더 야심 찬 계획을 세울 수도 있을 것이다. 이 환초지대의 다른 섬에도 어쩌면 인간이, 또 서로 교류할 수 있는 다른 문명이 존재하지는 않을까? 그럴 때 무전기가 있다면, 그 무전기로 어떤 신호가 잡힌다면 얼마나 근사할까! 그런데 그런 무전기는 어떻게 만드는 걸까? 어떻게 무선으로 신호를 주고받을 수 있는 걸까? 그러니까 말하자면 아주 기초적인 수준의 라디오는 어떤 걸까? 이런 질문을 받으면 나로서도 어떻게 답해야 할지 곧장 떠오를 것 같지는 않다. 이 섬에는 전파상도 없으니, 매뉴얼은 내 머릿속에 들어 있어야 한다. 그럼 어쩌면 하나쯤은 그럴듯한 아이디어가 떠오르기도 할 테니까.

로빈슨 크루소 게임을 하다 보면 누구나 그런 상황에서 자신이 무엇을 할 수 있을지 고민해보게 될 것이다. 생존지식에 대한 자신의 경험이 얼마나 되는지, 그게 얼마나 쓸만한 것인지 혹은 쓸모없는 것인지. 현재 우리가 살고 있는 이 사회를 발전하게 한 기본적인 기술들에 대해 우리는 얼마나 제대로 알고 있을까? 이 게임은 우리가 평소 직접 할 수 있는 것들이 얼마나 보잘것없는지를 가차 없이 보여준다. 우리는 거의 아무 생각 없이 소비하고 있는 셈이다.

한때 상인이기도 했던 영국의 작가 대니얼 디포가 이 소설《로빈슨 크루소》를 발표한 것은 1717년이었다. 그는 모험가의 흥미진진한 삶을 종이 위에 옮겨놓으려 했고, 대중 역시 그의 의도대로 작품을 읽어주었다. 이 소설을 통해, 디포는 또한 오늘날에도 여전히 유효한 문제들, 그러니까 문명의 발달과 함께 사물로부터 점점 멀어지는 이 사회를 비판하고자 했다.

컴퓨터로는 배울 수 없는 것

학교에서 하던 기술·가정 수업은 지난 몇십 년 사이 미디어 교육으로 거의 대체되었다. 요즘 같은 시대에 이는 물론 아주 중요한 교육과정이다. 게다가 컴퓨터는 작업대보다 분명 덜 위험하기도 하고 말이다. 교육정책 입안자들은 현대사회에 맞는 교육이 필요하다고들 강조하지만, 독립성과 자율성을 길러야 할 교육은, 이 과정에서 종종 단지 기술적인 커뮤니케이션의 수단을 습득하는 정도로만 이해되곤 한다.

손을 직접 움직여야 하는 일들은 흔히 저평가되곤 한다. 적어도 최근까지는 그렇다. 직접 손을 움직여 무언가를 만드는 방법을 익히느라 어떤 특별한 교육적 가치를 잃어버리고 있었다는 인식이 늘어나고 있다. 유치원 교육에는 아직 남아 있지만, 이후의 교육과정에서는 배워야 할 것들이 너무나 많기 때문에 이런 교육은 점점 줄어들고 있다. 직업학교와 전문학교를 제외하고는, 그러니까 김나지움에서는 특히 그렇다.

내가 어릴 때만 해도 학교에 아직 실과 과목이 있었다. 초등학교 3, 4학년 때 조각칼과 끌 같은 도구를 다루는 법을 배웠기 때문에 지금도 정확하게 기억하고 있다. 그때 나무토막에 뭔가를 새겨 넣어야 했는데, 그러다가 잘못하는 바람에 날카로운 칼날에 손을 조금 베기도 했다. 피가 났지만 나는 이를 악물고 손수건으로 상처를 감쌌다. 도구를 다루다가 하필이면 나에게 그런 멍청한 일이 일어났다는 사실이 너무 속상했다. 그때 기술 수업은 남자아이들뿐 아니라 여자아이들도 함께 배웠고, 남자아이들도 여자아이들과 함께 뜨개질과 바느질을 배웠다.

반면 컴퓨터는 지식 세계, 지적인 노동으로 대표되곤

한다. 물론 자판을 두드리고 마우스를 클릭하는 것 역시 손을 이용하는 일이기는 하지만, 그걸로 그만이다. 그걸 제외한 다른 모든 것은 가상 세계에서 이루어진다. 더 넓은 실제 사물의 세계는 건드릴 수가 없다. 사무실 컴퓨터 앞에서 꼬박 일주일을 보낸 후, 주말이면 자동차 밑으로 들어가 수리를 하거나, 오토바이를 분해하거나, 욕실의 타일을 새로 붙이는 사람이 있다고 해도 전혀 놀랄 일은 아니다. 기계적으로 사고할 기회가 없으니 그렇게라도 균형을 맞추려는 것이다.

리벳*은 도대체 어떤 원리이며, 4기통 엔진은 어떤 단계에 따라 움직이는 걸까? 단순히 이론적으로 설명하는 데 그치지 않고 우리가 무언가를 그대로 본떠서 만들어낼 수 있다면, 그래서 그것을 질문한 사람의 수준에 맞게 설명할 수 있다면 그제야 비로소 제대로 이해하고 있다고 말할 수 있을 것이다. 알베르트 아인슈타인의 말을 살짝 인용해서 말하자면, 무엇이든 가능한 한 간단하고 단순하게 설명해야 하지만, 그 이상으로 단순해서는 안 된다.

이론과 실험, 가설과 실재를 서로 이어나가는 것이 진정 자연을 제대로 알기 위한 성공적인 모델일 것이다. 정신적인 작업과 손으로 하는 일 역시 동전의 양면으로 이해해야 한다.

한 가지 덧붙이자면, 미국의 한 연구 결과에 따르면 두 살부터 다섯 살까지의 아이들이 일주일에 평균 32시간을 모니터, 그러니까 텔레비전이나 컴퓨터 앞에서 보내고 있다고 한다. 당연히 블록을 쌓거나, 집을 짓고, 공작놀이를 하고, 무언가를 만들고 수리하는 인간 본래의 활동을 할 시간은 턱없이 부족하다. 그렇게 아이들조차 삶의 균형을 잃어가고 있다.

요즘 아이들은 현대적인 미디어를 잘 다룰 줄 알아야 한다. 그러지 않으면 이런 미디어와 제대로 사귈 수가 없다. 또한 인터넷은 다양한 네트워킹이 가능하다는 점에서는 너무나 훌륭한 도구다. 그러므로 굳이 애써서 쓰지 않으려 할 필요는 없다. 손으로 무언가 하다가 문제가 생기면, 그게 무슨 일이건 인터넷 토론방 어딘가에는 그 해답이나 적어도 도움이 될만한 방법들이 숨어 있다. 하지만 예컨대 의료 문제에 대해서라면 인터넷에서 답을 찾는 것은 좋은 생각이 아니다. 어쩌면 위험할 수도 있는 정보를 걸러줄 필터, 즉 의사가 필요하기 때문이다. 나는 무엇보다 특히 어린이들의 경우, 컴퓨터 작업과 손을 직접 움직이는 일들 사

---

* 강철판·형강形鋼 등의 금속 재료를 영구적으로 결합하는 데 사용되는 막대 모양의 기계요소.

이에 기본적으로 균형이 필요하다는 점을 강조하고 싶다. 하루 24시간 컴퓨터 앞에 앉아 있는 것도 컴퓨터를 전혀 하지 않는 것도, 당연히 바람직하다고 할 수 없다. 공작 시간 역시 마찬가지다. 인간은 다양한 활동을 통해 발전해나간다.

　무엇이든 큰 수고를 들이지 않고도 금세 답을 찾아낼 수 있는 인터넷과는 달리, DIY 문화로 확대될 수 있는 리페어 컬처를 통해 우리는 더 디테일한 것들에 집중하고 주의를 기울이는 태도를 배우게 된다. 오히려 이것이 더 뛰어난 능력이라고 할 수도 있다. 어떤 일에 집중해서 끝까지 파고들어 그것이 왜 그렇게 되는지, 또 왜 다르게는 안 되는지 파악하는 일이기 때문이다. 어떤 기계의 기본적인 원리를 깨닫는 일은, 아주 기초적이면서도 동시에 고도로 정신적인 성공의 경험을 안겨준다. 페이스북에서 '좋아요'를 받는 것과는 비교할 수 없을 정도로 말이다.

손으로 무언가를 한다는 것

수리·수선의 메커니즘은 자연발생적인 것으로, 이 과정 없이 인간은 살 수 없었다. 그러나 이를 경시하면서 우리는 인간의 타고난 근본으로부터 멀어졌다. 달리 말하면, 산업의 발달로 인한 대량생산과 이로 인한 자원의 낭비로 추가 한쪽으로 너무 기울고 말았다. 손으로 하는 작업과 정신적인 작업은 이제 다시 하나의 단위로 받아들여져야 한다. 이 둘은 서로 한 쌍이다. 수작업을 하기 위해서는 분석적인 사고가 뒷받침되어야 하며, 정신적인 작업은 물질을 다루어본 경험을 바탕으로 이루어지기 때문이다. 예를 들어 역학 모형은 물리학 이론을 정립할 때 중요한 역할을 한다. '양자역학'이라는 말만 해도 그렇다. 이 말은, 가장 복잡한 차원의 원자 현상을 이해하려면 물질 세계에 역학적으로 접근하는 것이 기본이라는 점을 잘 보여주고 있으며, 우리 인간은 이미 그것에 익숙하다. 이는 어니스트 러더퍼드Ernest Rutherford의 행성 모형과도 유사하지만, 우리가 쉽게 이해할 수 있는 뉴턴의 역학을 통해 이를 더욱 발전시킨 닐스 보어의 원자 모형을 떠올려도 좋겠다.

이렇게 두 가지 활동을 통합하여 정신적 수작업이라 부를 수도 있을 것이다. 그 바탕에는 단순하고 익숙한 것에서 복잡한 것으로 인식이 발전해 나간다는 교육학적인 전제가 있다. 이것은 특히 어린이와 청소년들이 성장과정에서 더 큰 지식을 습득하는 가장 좋은 방법이다. 나는 직접 경험하고 부딪치며, 리페어 컬처가 내게 어떤 영향을 미치는가 씨름하는 과정에서 이를 체득할 수 있었다.

나는 수리하고 수선하는 일을 엄마 젖을 먹으면서부터 습득했다. 우리 집에는 작업실이 있었고, 그때만 해도 그것은 너무나 당연한 일이었다. 그리고 지금도 당연히 나는 그런 작업실을 가지고 있다. 여느 작업실처럼 마구 어질러져 있는 그곳엔 끝내지 못한 온갖 일거리들이 널려 있는데, 대부분이 이제 막 시작한 것들이다. 시간이 날 때마다 나는 작업실로 들어가곤 한다. 작업실에서는 텔레비전을 볼 필요도 없고, 쉬거나 기분전환을 할 필요도 없다. 나는 그저 거기에 앉아 주변을 둘러보고는 그 물건들로 또 무엇을 할 수 있을지 생각한다. 나한테는 그 자체가 이미 창조적인 활동이다.

요즘에는 가족 작업실이 무엇인지조차 알지 못하는 아이들도 많다. 부모들은 이제 거기에 아무 가치도 부여하지 않는다. 언제든 무엇이든 새것을 살 수 있으니 그런 공간이 별 의미가 없다고 생각하는 것이다. 주거공간이 점점 좁아지면서 당연히 지하실도 그만큼 작아지는 바람에 그 안에 작업공간을 마련할 수도 없게 된 까닭도 있다. 하지만 유치원에서뿐만 아니라 집에서도 아이들이 뭔가를 조립할 수 있어야 한다. 내가 어릴 때만 해도 일상이었지만, 요즘 아이들이 실험상자와 함께 자라는 일은 아주 드문 일이 되어버렸다.

대략 1850년경부터 아이들의 성탄 선물로 크리스마스트리 아래 놓이곤 했으니, 조립상자나 실험상자는 아주 오랜 전통을 갖고 있는 셈이다. 국립독일박물관 구내 상점에서도 한쪽 코너에서 이 상자들을 팔고 있는데, 요즘 점점 많은 부모들이 생일 선물이나 성탄절 선물로 이 상자들이 가진 교육적 가치를 다시 발견하고 있는 듯하다.

아르투어 피셔Artur Fischer, 1919~2016는 언제 생각해도 놀라울 뿐이다. 그는 피셔 뒤벨Fischer-Dübel*과 피셔테크닉Fischertechnik**을 개발한 천재적인 발명가다. 고령에도 매우 창의적이어서 최근에도 나한테 자기가 만든 장난감 하나를 보여주었다. 기계역학을 적용한 그 장난감은 아이들뿐 아니라 운동능력이 줄어든 노인들도 가지고 놀 수 있도록 만든 장난감이었다. 그의 삶에 깊이 각인된 두 곳이 국립독일박물관과 그 맞은편에 있는 독일특허청이라는 놀라운 말을 듣고 나서 나는 그를 더욱 존경하게 되었다. 성공한 중견 기업가로서 그는 독일에서 많은 일자리를 창출해냈을 뿐 아니라, 재주 많은 여러 발명가들과 협력해서 '주식회사 독일'이라는 성공적인 모델을 만들어내고 또 그로

---

* 벽에 못을 박을 때 사용하는 플라스틱 못집.
** 장난감 회사의 브랜드이자 장난감 조립상자의 이름.

부터 큰 수출 성과를 끌어올리고 있는 숨은 챔피언 가운데
한 사람이다.

나는 트릭스Trix에서 나온 메탈 조립상자를 하나 가지
고 있었는데(지금도 가지고 있다), 이 블록은 출시 당시 장
난감이 아니라 학습용으로 자리 잡은 탓에 '국민조립상자
Volksbaukasten'라 불리기도 했다. 이 조립상자에서 가장 중
요한 것은 완전히 새로운 조립 시스템이다. 기다란 금속 평
판에 나사를 고정시킬 수 있는 구멍이 세 줄씩 길게 뚫려
있어서, 이 평판들을 자유롭게 짜 맞출 수도 있고, 또 나사
로 고정시키기도 훨씬 쉬웠다.* 이 트릭스 메탈 조립상자는
여러 세대에 걸쳐 수많은 이들을 기술 분야와 자연과학 분
야로 이끌었다고 하는데, 나 역시 바로 그런 사람이다. 하
지만 이 조립상자를 찾는 사람들이 점점 줄어 수요가 거의
없어지자, 안타깝게도 트릭스는 1990년대 말 생산을 중단
하고 말았다.

트릭스 말고도 나는 조립상자를 하나 더 가지고 있었
는데, 그걸로는 증기기관을 조립하고, 그러는 동안 증기기
관의 작동원리도 배울 수 있었다. 이 조립상자를 구상한 교
육자들과 기술자들은, 증기기관의 작동방식을 이해할 줄
모르면 나중에 대학에서 물리학이나 기계공학을 공부하게
되었을 때 모든 열기관의 바탕이 되는 카르노 사이클**을

이해하기 어려울 거라고 생각했다. 카르노 사이클은 예를 들어 현대의 열병합발전소 등을 건설하는 데에도 필수불가결한 전제다. 특정한 기술을 이해하는 것은, 교육자들이 말하는 이른바 '문제해결력'을 얻기 위한 전제 조건이다. 그리고 이것은 복잡한 모형보다 단순한 장치를 통해 더 잘 습득할 수 있다. 어쨌든 자연과학 분야나 기술 분야의 초보자들에게는 그렇다. 조립상자 없이 무언가를 만지고 놀면서 성장하지 못하는 아이들은 직접 손을 놀려 일하는 직업을 갖기 힘들다. 목수나 보일러기사, 엔지니어 등이 되기는 아무래도 힘든 것이다. 그런 면에서 본다면 조립상자나 공작놀이 세트는 감상적인 물건이 아니라 오히려 미래지향

---

*

** 프랑스의 물리학자 니콜라 레오나르 사디 카르노Nicolas Léonard Sadi Carnot가 1824년 발표한 열역학상의 가역 사이클로, 마찰이나 열전도 때문에 실제 기관에서는 성립하지 않지만 실제 기관과 비교하여 개량할 여지가 있는가를 조사할 때 중요한 의미가 있다.

적인 모델이며, 과거의 기술로 만들어져 오늘날 새로운 맥락에서 이용될 때 특히 그렇다. 물론 이제 한 장소에서 다른 장소로 이동할 때 증기기관을 이용하는 일은 더는 없지만, 열에너지가 일에너지로 바뀌는 것과 같은 물리법칙은 오늘날까지도 여전히 근간을 이루고 있다. 그러므로 지난 시대의 기술이 이제는 전혀 유효하지 않으며 아무 쓸모도 없다고 생각해서는 안 된다. 지금도 나는 아이들과 함께 요즘 나오는 공작놀이 세트를 가지고 무언가를 만들어보는 일이 몹시 즐겁다. 태양에너지로 움직이는 작은 동력체도 만들고 모형 자동차의 동력장치로 쓰일 연료전지도 만들 때 말이다.

예전의 기술을 포함해서 다양한 기술들을 전체적으로 살펴보는 것은 의미 있는 일이다. 확실히 현대식 엔진이 구식 엔진보다 훨씬 효율적이지만, 더 환경친화적인 기술을 발전시키려면 무엇보다 가장 단순한 형태의 엔진이 작동하는 원리를 알아야 한다. 1886년에 선보인 세계 최초의 가솔린 자동차인 벤츠의 페이턴트 모터바겐은 어떻게 움직이는지, 자동차들은 대체 어떻게 앞으로 나아가는지 그 작동원리를 이해하거나 설명할 수 있는 현대인들이 얼마나 될까? 나는 종종 국립독일박물관의 교통센터에 전시되어 있는 이 귀중한 전시물을 구경하는 방문객들에게 물어보곤 한다. 물론 그 가운데에는 여러 역사적 사실들을 내게 설명해주는 전문가도 없지 않지만, 대체로는 그렇지 않다. 우리 일상에서 그토록 중요한 이 기술에 대해 아는 것이 전혀 없다시피 한 사람들이 얼마나 많은지 깜짝 놀랄 정도다. 자동차는 주유소에서 경유나 휘발유를 넣고 시동을 걸면 곧장 움직이기 시작하니, 그걸로 그만인 것이다. 사실상 무지나 다름없는 이런 제한된 지식으로는, 더 효율적인 엔진을 개발하는 일은 말할 필요도 없고, 광범위한 사회적 합의를 바탕으로 미래의 이동 수단에 대한 해결책을 마련하기에도 역부족이다.

이 모든 것들을 나는 조립상자를 가지고 놀면서 훨씬 잘 이해할 수 있었지만, 내가 작업실 키드가 된 진짜 이유는, 다행히 우리 집에 여유 공간이 있었고, 아버지가 직접 이것저것 손보기를 좋아하셨기 때문이다. 길거리에서 고장 난 물건들이 눈에 띌 때마다 나는 그것들을 집으로 가져와서 고쳐보거나, 적어도 쓸만한 부품들을 분리하여 따로 보관해두었다. 어쩌면 언젠가 다른 뭔가를 수리할 때 그 부품들을 써먹을 수도 있을 테니 말이다. 커다란 전자제품을 길거리에 내다 버리는 것은 어린 나에게는 있을 수 없는 일이었다. 오래전 언젠가 어린 딸아이가 산책을 하다가 낡은 못을 하나 주워 왔는데, 아내가 이상하다는 듯 바라보자 아이는 이렇게 대답했다. "나중에 아빠가 또 뭔가 고칠 때 필요하다고 할지 모르잖아요." 이런 성향 역시 어쩌면 유전되는 것일까? 만약 그렇다면 나로서는 기분 좋은 일이다.

게다가 할아버지는 못을 만드는 대장장이셨다. 나는 아직도 할아버지 사진을 한 장 가지고 있는데, 사진 속 그는 가족과 함께 대장간 앞에 서 있다. 할아버지가 직접 만든 못, 그러니까 그 작은 예술작품을 아직도 몇 개 가지고 있다. 당시에 이런 못을 썼던 사람이라면 이 못을 어떻게 하면 더 효율적으로 쓸 수 있을지, 예를 들어 널빤지 두 개를 연결하는 데 못이 하나면 충분할지 아니면 두 개를 써야 할지 곰곰이 생각했을 것이다. 물론 그런 식으로 고층 건물을 세울 수는 없다. 하지만 다른 한편, 물건을 아껴 쓰는 것은 당시에 살았던 사람들 누구에게나 몸에 뱄던, 절대적으로 요구되는 태도였다.

아이들은 조립식 블록이나 레고 블록을 가지고 놀면서 어떤 것들이 만들어지는 원리를 배운다. 예를 들어 아치형 문을 만들고 싶어지면 긴 시간 동안 이리저리 온갖 시도들을 해보며 끊임없이 블록들을 다시 쌓아 올려본다. 목표를 이룰 때까지 말이다. 이런 놀이에 자발적으로 참여하는 태도 역시 아주 중요하다. 그렇게 해서 경험이 쌓인다. 자발적인 참여와 학습은 서로 밀접하게 연관되어 있다. 직접 손에 무언가를 잡아보지 않은 사람들은 더는 새로운 것을 배우지 못한다.

수리·수선의 교육적 측면

뭔가를 고치는 일은, 분석하고 전략을 세우고 실행에 옮기고 성공에 이르는 순환의 과정이다. 이것은 일종의 가치 창조 사슬이라 할 수 있다. 분석적으로 사고하기 위해서는 연습이 필요하다. 수리하고 수선하는 활동을 배우지 못한다면, 앞으로 아이들은 체계적으로 결과를 끌어내는 능력 같은 것을 제대로 키우기가 힘들어질 것이다.

불량한 컴퓨터 게임을 하면서는 그 무엇도 분석할 수가 없다. 날아오는 총알을 피해 일단 최대한 몸을 숙이는 게 먼저니까. FPS 게임(일인칭 슈팅 게임)에서 중요한 것은 가장 짧은 시간 내에 가장 많은 적을 쏘아 쓰러뜨리는 일이다. 이 게임을 하면 어쩌면 순발력 정도는 좋아질지도 모르겠다. 하지만 수리는 다르다. 전구를 갈아 끼우는 것 같은 아주 간단한 수리라 해도, 처음부터 끝까지 전 과정을 하나하나 따져보아야 하는데, 이런 게임에서는 그런 과정이 전혀 이루어지지 않는다. 이것은 아주 큰 문제다. 내가 살고 있는 이 세상을 전체적으로 이해하려고 시도조차 하지 않는 것이나 다름없기 때문이다.

이 문제에 대해 교사들뿐만 아니라 독일박물관에서도 함께 고민해야 한다. 전시장에서 설명이 길어지면 아이들은 제대로 집중하지 못한다. 하지만 특정한 화학반응이 어떻게 일어나는지, 나노 입자를 덧칠한 스키는 왜 더 빨리 미끄러지는지, 스털링 엔진이나 컴퓨터 단층촬영-CT의 원리는 어떤 것인지 등을 1~2분 안에 설명하는 것은 불가능하다. 일단 여기에 집중하고 몰두하는 능력이 필요한데, 이렇게 출발해서 결국 열정으로 이어질 수 있다. 이런 고민 끝에 만든 것이 국립독일박물관의 그 유명한 전시품 버튼 누르기 실험이다. 버튼을 누르면 곧장 반응이 나타나도록 되어 있다. 하지만 즉각적인 '반응'이 나타나지 않으면 아이들은 당장 그 자리를 떠나버린다. 어떤 화학반응은 약간의 인내심을 가지고 천천히 지켜보아야 하는데, 때로는 이정도도 기다리지 못하고 실험이 시작되기 전에 자리를 떠나는 아이들을 만나게 되기도 한다.

뭔가를 고치려면 그 대상에 온전히 몰두해야 한다. 그래야 성공적인 결과를 얻을 수 있다. 이것은 수리·수선의 교육적인 측면이기도 하다. 불량한 컴퓨터 게임에서 적을 향해 총을 쏘는 것은 삶을 살아가는 데 필요한 전략을 배우는 데 아무 도움이 되지 못한다. (전략 게임은 조금 다를 수도 있겠지만, 가상 세계에서 실제 삶으로 그대로 옮겨갈 수 있는지 어떤지 명확하게 밝혀지지 않았다.) 하지만 뭔가를 고치고 수선하는 일은 그렇지 않다. 예컨대 가구에 셸락바니시를 칠한다고 했을 때, 셸락의 물리·화학적 결합에 대해 정확하게 알 필요는 없지만, 적어도 사용법은 숙지하고 있어야 한다. 그래야 가구를 제대로 손질할 수 있다. 셸락의 원료가 곤충의 체액과 분비물이라는 것을 알고 나면 일은 훨씬 더 재미있어진다. 그러다가 편지를 봉인하는 봉랍封蠟에서부터 모자를 만들 때 쓰는 아교, 나아가 셸락플레이트까지, (역사적이기도 한) 다양한 칠 재료 사용에 관한 책을 뒤져 읽다 보면 거기에 푹 빠져 헤어나지 못할 수도 있다.

그러니까 직접 손을 움직여서 수선하고 수리하는 과정은 최선의 경우 기술의 역사, 생물학, 물질과학, 기초물리학, 화학 등에 대한 연구로까지 이어질 수 있는 것이다. 이런 과정이야말로 내가 기대하는, 사물을 전체적으로 조망하는 작업이다. 그 외에도 문헌 자료나 물리 시간에 배운 지식들을 확인하고, 각종 참고도서의 도움을 받아 그 이상의 기술과 노하우들을 습득할 수도 있다. 이런 기술들을 잘 다룰 줄 안다는 것은 한마디로 아주 놀라운 일이다. 이와 더불어 기나긴 인류의 역사에서 여러 기술을 발전시키고 다양한 발명들을 이끌어온 이들을 존경하고 존중하는 마음도 배우게 된다. 아이작 뉴턴이 언젠가 말했던, 거인의 어깨 위에 올라서야 한다는 말을 되새기면서 말이다.

거인의 어깨 위에 올라서서

가장 위대한 학자 가운데 한 사람인 영국의 자연과학자 뉴턴은 특유의 절제된 문장으로 이렇게 말한 적이 있다. 오늘날 시각에서 보면 그는 단연 거인이었으나, 그는 그저 이렇게 말했을 뿐이다. "아니, 그렇지 않다. 나는 작은 빛에 지나지 않는다. 훌륭한 동료들이 앞서 이루어놓은 업적이 없었더라면, 내가 밝혀낸 것들 역시 불가능했을 것이다. 기계론적 세계관 신봉자인 데카르트식으로 말하자면, 그것은 자연이라는 거대한 톱니바퀴 장치 속의 아주 작은 톱니바퀴일 뿐이다."

겸손하기까지 한 그의 이런 태도는 다른 사람들보다 더 깊이 숙고하며 사물의 근본을 파헤치려는 이들에게서 흔히 볼 수 있다. 모든 새로운 인식은 그 이전의 것 위에 구축된다. 양자역학은 고전역학을 폐기하지 않는다. 고전역학은 최소 크기 물질의 원소와 관련해 계속해서 발전하고 있다. 아인슈타인의 상대성이론은 물리학의 속도덧셈법칙을 더욱 확장시킨 이론이다. 그러니까 속도덧셈법칙은 광속에 가까울 정도로 속도가 빨라지는 경우에만 해당될 뿐이라는 것을 밝혀낸 것이다. 일반적인 정도의 작은 속도에서는 단순히 두 속도를 더하기만 하면 된다. 즉 달리는 기차 안에서 공을 굴릴 때 우리는 기차 밖에서 보이는 것과 같이 기차와 공, 각각의 속도를 단순히 합하기만 하면 된다. 하지만 달리는 기차에서 손전등을 켠다면 문제는 간단하지가 않다. 기차의 속도와 빛의 속도를 단순히 더하기만 해서는 안 된다는 것이다. 아인슈타인은 바로 이 점을 밝혀냈다. 그렇게 된다면 외부의 관찰자가 광속보다 빠른 것을 보게 되는 셈인데, 아인슈타인에 따르면 자연에서 그런 일은 일어날 수가 없다. 이것은 이미 100년도 더 전에 밝혀진 내용이지만, 우리는 지금 그것을 얼마나 이해하고 있을까? 과연 제대로 알고 있기나 한 걸까? 우리는 '과거의' 지식, '과거의' 인식을 무시하고 경시해서는 안 되며, 오히려 새롭게 배우고 활용하는 습관을 지녀야 한다. 또한 넓은 의미에서 지식 역시 고쳐지고 수리되어야 한다. 라틴어 동사 reparare는 '다시 만들다'라는 뜻 외에 '쇄신하다'라는 뜻도 지니고 있다.

그동안의 발명과 발견, 기술적 업적들이 우리 인류에게 말로 다 할 수 없을 정도로 중요한 의미를 지님에도, 이 분야에 관심을 가지고 열중하는 사람들이 별로 없다는 사실은 나로서는 이상하기만 하다. 물론 이것들이 이해하기 쉬운 것은 아니다. 자연은 복잡하기 그지없다. 그런 가운데 자연의 법칙을 파헤치려 연구하고 도전하는 것은 정말로 뜻깊은 작업이다. 언젠가 아인슈타인이 말했다시피, "신은 난해하지만 심술궂지는 않다." 우리 인간은 어쨌든, 자연을 인식하는 데 필요한 기본적인 도구를 어느 정도 가지고 있으니 말이다.

그렇게 나는 기술의 발전이 인류를 어떻게 변화시켰는지 이해하는 법을 배운다. 새로운 기술이 발명되면서 종종 사회의 패러다임 역시 변화하곤 한다. 나는 또 새로운 기술들이 가지고 있는 가능성과 위험을 따져보는 법을 배워나간다. 석기가 발명되지 않았더라면 우리 선조들은 동물의 가죽이나 나무를 가공할 수 없었을 테고, 쟁기가 없었더라면 농경생활도, 정착생활도 불가능했을 것이며, 마을 공동체나 사회 시스템을 발전시킬 수도 없었을 것이다. 증기기관이 발명되지 않았더라면 산업혁명도 일어나지 않았을 것이다. 증기기관으로 인해 기계화된 노동력이 풍차나 수력처럼 일정한 장소에 묶여 있지 않고 곳곳의 생산 현장에 동시에 투입될 수 있었기 때문이다. 증기기관은 철도를 통한 이동을 가능하게도 했지만, 곡식의 탈곡을 더 효율적으로 할 수 있게도 해주었다. 트랜지스터가 발명되지 않았더라면 초소형 전자공학 기술 역시 없었을 테고, 내 박사후과정 지도교수였던 게르트 비니히Gerd Binnig가 주사전자현미경*을 발명하지 않았더라면 나노 기술은 실질적으로 발전하지 못했을 것이다. 우리 삶을 변화시키고 거대한 혁신의 물결을 일으킨 인간 정신의 뛰어난 업적들은 모두 내가 간단한 수리·수선과 관련해서 이야기한 기본적인 기술 없이는 이루어낼 수 없다. 나 역시 무언가를 고치는 과정에서 어떤 근거들을 바탕으로 해서 분석적으로 사고하는 방법을 배웠듯, 전문적인 내 일을 하는 과정에도 그대로 적용할 수 있는 능력을 얻게 되었다. 또한 어떤 중대한 결정을 내려야 하는 상황에 직면해서도 창의적인 대안을 제시하고 내 안에 숨어 있던 천재적인 발명가를 일깨워낼 수도 있게 되었다.

행복, 직접 뭔가를 만들 때 생기는 감정

아이비엠IBM 연구팀에서 박사후과정을 밟고 있을 때, 지

---

* 생물체 조직의 표면에서 반사되는 전자 빔을 사용하여 고배율의 입체적인 상을 관찰할 수 있게 한 현미경.

도교수인 물리학자 게르트 비니히 박사 초대로 그의 집을 방문한 적이 있다. 그때 나는 그가 집에서 직접 만든 책장을 보았다. 그것은 널빤지 일곱 장을 나사로 조이기만 하면 그만인 조립식 책장 세트가 아니었다. 그는 직접 톱질을 해서 나무판자를 만들었고, 그러다 보니 아주 특이한 비대칭 책장이 탄생했다. 물론 일부러 그렇게 만들었다고 한다. 그는 그 작업이 어떤 원체험과도 같았다고 했다. 그 경험을 통해 그는 유일한 것, 동시에 아주 유용하고 실용적인 어떤 것을 만들어냈다는 데에서 오는 아주 커다란 행복감을 느꼈다. 그때까지만 해도 나는 노벨물리학상을 받은 사람이라면 몹시 복잡하고 어려운 것만 다룬다고 생각했기에, 그의 말을 아주 인상 깊게 들었다. 20년이 지난 요즘, 비니히 교수는 멋진 청동상을 만든다. 숙련된 기술을 이용해 예술적인 활동을 하는 것이다.

일고여덟 살 때쯤, 딸아이가 자기 힘으로 뭔가를 만들어내는 비슷한 경험을 한 적이 있다. 작은 술통에서 나온 둥근 나무토막 하나로 집을 만든 것이다. 내가 지켜보는 앞에서 아이는 나무판자를 톱으로 잘라 바닥을 만들고, 그 위에 원형 지붕처럼 둥근 나무토막을 올렸다. 목공용 풀로 붙인 다음 마지막으로 이 작은 집 지붕 위에 빨대를 올렸다. 그렇게 굴뚝이 생겼다. 아이는 자기가 만든 작은 집을 몹시 자랑스러워했고, 햄스터를 여기에 살게 했다. 집주인은 세상을 떠났지만 이 집은 아직도 보관하고 있다. 거기에는 아주 행복했던 어떤 정서적인 체험이 연결되어 있기에 우리 가족이 이 작품을 소중히 간직하는 것은 당연하고, 지금도 전혀 다르지 않다. 어릴 때 내가 만든 작은 마구간은—꼬마전구까지 달려 있다—요즘도 매년 성탄절이면 우리 집 말구유를 장식한다.

그러기 위해서는 물론, 이런 물건들을 소중히 여기고 오래도록 잃어버리지 않도록 잘 보관해야 한다. 가끔씩 어른들과 이야기를 나누다 보면 이들이 종종 바로 전날 일어난 일들은 잘 기억하지 못하면서도, 어릴 때 어떤 장난감 자동차를 만들었는지, 처음 만든 인형의 집이 어떤 것이었는지 아주 정확하게 기억하고 있어서 깜짝 놀랄 때가 있다. 어렸을 때 느꼈던 정서적인 감정, 행복했던 마음이 그들의 기억 속에 깊이 새겨져 있는 것이다.

며칠 전 개를 데리고 산책을 하다가 우연히 한 노신사가 동행하는 여성과 나누는 대화를 듣게 되었다. 어린 시절 전쟁이 끝난 직후 그는 수레를 하나 만들었는데, 그 수레를 끌고 농가를 찾아다니며 농부들에게 감자를 한 알씩 얻으러 다녔다고 했다. 그때 그 소년은 목표를 이룬 듯했다. 노신사의 이야기가 너무나 생생하고 상세해서, 60년도 더 지난 이야기가 마치 어제 있었던 일인 듯 들렸다. 이 이야기 속에서도 중요한 것은, 어려웠던 시절 가족을 위해 음식을 구하러 다닐 때 가지고 다녔던 손수레가 제 손으로 직접 만든 물건이었고, 그것이 큰 역할을 했다는 점이 아닐까 싶다.

어떤 오래된 도구를 하나 상상해보자. 이 도구가 어디에서, 누구에게, 어떤 일에 쓰였는지, 그리고 이 도구를 이용해 어떤 아름다운 것들이 만들어지고 또 고쳐졌는지 생각해보는 것이다. 얼마나 근사한 생각인가. 그렇게 우리는 잠시 그 도구로 원래 하려던 일을 잊고 얼마쯤 꿈속으로 들어갈 수도 있다.

무언가를 만들 때 인간의 내면에서 올라오는 감정을 무시해서는 안 된다. 고장 난 부품을 갈아 끼우는 단순한 일, 그러니까 구멍 난 자전거의 바퀴를 때우는 간단한 일만 성공해도 우리는 만족할 수 있다. 그렇게 몇 가지만 수리하는 데 성공해도 우리는 실제로 작은 행복을 느낀다. 너무나 복잡해서 속이 거의 들여다보이지 않는 사회 속에서, 작은 한 부분을 꺼내어 온전히 혼자서만 사용할 수 있는 나만의 작은 세계를 만드는 것이다.

뭐든지 제대로 고치고 나면 언제나 그런 기분이 든다. 정말 근사한 경험을 했구나, 정말 만족스러운 체험이었어.

반드시 성공할 수는 없을지도 모른다 생각했던 일을 내가 해낸 것이다. 그렇게 수리를 끝낸 뒤 얻을 수 있는 가장 큰 수확은, 고장 났던 물건을 다시 쓸 수 있게 되었다는 사실 보다는 무언가를 할 수 있다는, 해냈다는 나 자신만의 경험 이다.

한번은 우리 집 화장실 변기가 말썽을 부린 적이 있다. 물이 계속 샜다. 이 불필요한 낭비는 당연히 없애야 했다. 꼼꼼히 살펴보니, 물탱크 안쪽이 석회로 완전히 뒤덮여 물마개를 들어 올리는 지렛대가 제대로 작동하지 않고 있었다. "석회제거제만 써도 될 것 같은데. 봐서 패킹만 새것으로 갈든지." 아내는 그렇게 말했지만, 문제는 그게 아니었다. 물론 매일같이 그런 문제를 처리하는 설비기사라면 무엇이 문제인지 한눈에 알아챘겠지만, 내게 그 문제는 일종의 도전 과제와도 같았다. 원인부터 샅샅이 파헤쳐 문제를 해결하고 싶었다. 어쨌든 패킹은 아무 문제도 없었다. 완전히 새것이나 마찬가지였다. 그러니까 제 임무를 충분히 다하고 있었다. 온통 석회가 낀 걸로 봐서 지렛대와 플로트, 필밸브를 완전히 분해해서 고장의 원인을 없애는 방법밖에 없어 보였다. 스텝 바이 스텝. 나는 나만의 원칙에 따라 해보자고 스스로에게 그렇게 말했다. 전구에 불이 들어오지 않을 때면 전구가 문제인지, 플러그가 문제인지, 전선이

189

문제인지, 아니면 콘센트에서 전기가 제대로 들어오지 않는 건지 하나씩 살펴보듯 그렇게 차근차근하게 해볼 생각이었다.

이 원칙에 따라 일단 물탱크 안으로 손을 집어넣었지만 물탱크가 너무 좁아 안에 있는 부품들을 제대로 잡을 수가 없었다. 이리저리 손등을 긁혀가며 한참 만에 부품들을 모두 꺼내기는 했지만, 그것은 곧 식구들이 다른 화장실을 써야 한다는 얘기밖에 되지 않았다. "계속 한번 해보세요. 설마 반년씩이나 들여다보고 있지는 않겠지 뭐." 식구들이 핀잔을 주었다.

이 일로 나는 압박 속에서, 그러니까 가족의 압박 속에서 수리하는 법을 배웠다.

"시간이 얼마나 걸리든 변기 물탱크가 어떻게 작동하는지 알게는 되겠지. 암튼 기술자를 부르지는 않아도 되겠지?" 그런 말까지 들어야 했다.

"아니, 오기가 생기는걸. 난 절대 기술자를 들이지 않을 거야." 나는 힘주어 대답했다.

옷을 갈아입은 다음 자전거를 타고 욕실 제품을 파는 전문점으로 갔다. 물탱크에서 꺼낸 부품을 하나 챙겨 갔는데, 내 생각엔 그 부품을 교체해야 할 것 같아서였다.

"그런 부품은 없는데. 그런데 그건 어디서 나셨어요?"

점원이 건조한 목소리로 물었다.

"화장실 변기 물탱크에서요."

"아, 그렇다면 오래된 부품 같은데. 변기 모델이 혹시 어떻게 되죠?"

"그건 잘 모르겠는데."

"모델명을 모르시면 저희가 도와드릴 수 있는 게 없겠네요."

다시 집으로 돌아온 나는, 식구들의 기대에 찬 눈길을 무시하려 애쓰며 곧장 욕실로 달려가서 변기 어딘가에는 분명 표시되어 있을, 문제의 그 암호와도 같은 숫자를 찾아보았다. 다행히 그 숫자들은 구석에 적혀 있었고, 얼른 메모했다.

다시 자전거를 타고 서둘러 가게로 향했다. 얼른 변기 모델명을 알려주어야 했다.

내가 그 숫자들을 쏟아내자, 점원이 의미심장한 눈길로 나를 쳐다보며 말했다.

"아, 그 모델이라면 알고 있어요. 부품도 주문해드릴 수 있습니다. 하지만 구할 수 있을지 장담은 못 하겠네요. 만약 구할 수 있다고 해도 도착할 때까지 며칠은 기다리셔야 합니다."

"그럼 어떡하죠? 그동안은 화장실을 쓸 수 없다는 거

191

잖아요."

나는 깜짝 놀라 되물었다.

"낡은 물탱크를 아예 새것으로 바꾸는 게 더 빠를 수도 있어요."

"하지만 그러다 보면 타일을 깨야 할 텐데요?"

"네, 물론 타일은 좀 깨야 할 테지만…… 어쨌거나 욕실을 새로 손보셔야 할 거예요."

"그러려면 몇천 유로는 들 텐데."

"그렇지만 대신 욕실이 완전히 새로 바뀔 거예요. 새 욕실이야 늘 좋지 않나요?"

"전혀요."

단호하게 말하고 가게에서 나왔다. 집으로 돌아오면서 내가 무얼 할 수 있을지 곰곰이 생각해보았다. 지금 할 수 있는 것은 한 가지뿐이었다. 이미 여러 번 나에게 성공적인 조언을 주었던 것, 바로 인터넷이었다!

이 분야에 완전 아마추어인 나는 어떻게 하면 부품을 구할 수 있을지, 디지털 네트워크 속 어디에선가 힌트를 찾아야만 했다. 그리고 해냈다. 내가 원하는 바로 그 모델이 올라와 있는 리스트를 발견한 것이다. 완벽했다. 그동안은 손님용 화장실을 사용해야 했기에 아내와 딸은 내내 투덜거렸지만, 택배만 오면 화장실 문제는 모두 해결될 거라고

두 사람에게 큰소리쳤다.

그리고 과연 바로 다음 날, 부품을 받아 곧장 그것을 갈아 끼웠다. 나는 최선을 다했다. 자 이제, 뚝뚝 떨어지던 물방울이 멈출 테고 석회가 섞인 물이 계속 흐르는 바람에 생겨났던 갈색 침전물도 없어질 것이다. 나는 우쭐해서는 아내와 딸을 불렀다. 석회가 잔뜩 낀 호스와 패킹 부분을 두 사람에게 보여주고는, 물을 내려 수리가 끝나 정상적으로 변기가 작동되는 모습을 자랑스럽게 시연해 보였다. 나의 첫 화장실 수리는 그렇게 끝이 났다.

식구들은 인정한다는 듯 고개를 끄덕여주었다.

웃음이 절로 나왔다. 정말 대단한 일이었다. 별것 아닌 것처럼 보일 수도 있겠지만, 내게는 정말로 소중한 체험이었다. 단순히 패킹 같은 부품 하나를 교체하는 데서 그치지 않고, 변기의 세척 밸브가 어떻게 작동하는지까지 이해하게 되었다.

이렇게 수리는 이해를 동반한다는 사실이 다시 한번 입증되었다. 그렇게 나는 미래를 대비하고 있었다. 석회질이 많은 물 때문에 언젠가는 또 비슷한 문제로 변기를 고칠 일이 생길 테니 말이다. 수리하기 위해 크고 작은 장애물을 뛰어넘었고, 기계역학적으로 타당한지 하나하나 분석하여 차례대로 조치를 취해나갔다. 물탱크 뚜껑의 나사를 풀고, 세척 밸브를 잠갔으며, 필밸브를 분해하기 위해 지렛대의 나사를 풀었다. 무엇보다 중요한 것은, 스티로폼으로 된 플로트가 지렛대의 원리로 작동한다는 사실을 스스로 알아냈다는 사실이었다. 그러니까 이 장치는, 물탱크에 물이 차오르다가 일정한 높이까지 다다르면 다시 프레시밸브를 통해 물이 내려가면서 열려 있던 물 유입 밸브를 닫아 물탱크에 일정한 높이로 물이 채워지도록 유지시켜주었던 것이다. 누구인지는 몰라도, 아주 단순해 보이지만 철저하게 계산된 이 물리적 사이클을 발명한 이에게 커다란 존경심이 생겼다.

그것은 아르키메데스의 원리를 이용한 것이 틀림없었다. 그 참에 당장 책을 뒤져보았다. 어떤 현상에 대한 설명들을 찾아볼 수 있다는 것, 자연법칙들을 일상에서 응용할 수 있다는 것은 정말 근사한 일이다. 생각에 생각을 거듭한 끝에 가설을 정립하고, 실험을 통해 그것을 검증해서 어떤 기기의 원형을 마련하고, 다시 이것을 인간 모두에게 유용한, 우리 삶을 더 편리하게 해주고 삶의 질을 높일 수 있는 하나의 제품으로 완성해나가는 것. 그것이야말로 우리의 경제체제가 지향하는 가치 창조 사슬의 본질이다. 언젠가 내가 출연하는 텔레비전 토크쇼에서 인류에게 가장 중요한 발명이 무엇인가 하는 문제를 다룬 적이 있었다. 그때 나는 수세식 화장실이라고 대답했다. 수세식 화장실은 우리 인간이 글자 그대로 '질병을 유발시키는' '비위생적'이고 전근대적인 생활에서 벗어나게 해준 발명품으로, 우리는 매일같이 이 설비를 아주 유용하게 사용하고 있다. 방청객들은 인류의 가장 중요한 발명품으로 바퀴를 들었는데, 수세식 화장실보다 훨씬 더 오래전에 만들어진 바퀴는 물리역학과 운동학을 좋아하는 나로서도 충분히 인정할 수 있는 물건이었다.

뭔가를 수리하는 과정에서 어떤 발명품을 제대로 이해하게 되는 경험은, 이 일이 아무리 어려워도 그 열정이 식지 않게 만들어준다. 우리 인간은 사물의 근본을 파헤치려 하고, 어떤 과제가 됐든 마스터할 수 있기를 바라며, 이를 타인들에게 확인받고 인정받고 싶어 한다. 어떤 오류들이 생길 수 있는지를 분석하고, 아무리 단순하다 해도 그 작동방식에 대해 체계적으로 접근하고 고민하는 과정에서 만족을 느끼고 또 칭찬받고 인정받다 보면, 점점 더 많은 것들을 수리하고 수선하게 되며 이 작업을 좋아하게 될 수밖에 없다.

뭔가를 수리하고 수선하는 사람들은 무엇보다 긍정적인 경험을 하게 되는데, 이런 경험은 작업을 성공적으로 끝냈을 때만 하는 것이 아니다. 게다가 이때의 경험은 우리

뇌에 오랫동안 각인되는데, 이때 한 신경세포에서 다음 신경세포로 이동해서 정보를 전달해주는 아주 작은 분자들, 즉 신경전달물질이 분비된다.

이 과정에서 우리가 느끼는 행복의 감정은 특히 도파민이라는 신경전달물질을 통해 생겨난다. 도파민은 우리 몸에 흥분과 자극, 동기 부여를 일으키는 물질로, 도파민이 분비되면 감각이 예민해지고 각성 정도가 커지며 흥분 강도 역시 높아진다. 우리는 완전히 일에 집중하게 되고, 낙관적으로 바뀌며, 자신감이 충만해지고, 호기심으로 가득 차게 된다. 이것은 대체로 아주 멋진 경험을 할 때 느낄 수 있다. 사랑에 빠졌을 때, 맛있는 커틀릿을 먹을 때, 로또에 당첨되었을 때, 선행을 했을 때, 운동경기에서 이겼을 때, 그리고 수리를 성공적으로 끝냈을 때 우리는 이런 상태를 경험할 수 있다.

이것은 너무나 멋진 경험이기에, 우리는 이를 다시 경험하고 싶어진다. 물론 흥분된 감정 상태가 유지되면 견딜 수 없을 테니 이런 감정이 영속되지는 않는다. 하지만 이따금 기쁨과 쾌감을 불러오는 이런 경험들은 우리에게 긍정적인 인상을 강하게 심어준다. 교육적인 측면에서 청소년들이 이런 식의 성공을 더 많이 경험하게 해주고 싶은 마음이 드는 것도 바로 이 때문이다. 물론 학급에서 가장 빨리 달리는 아이, 높이뛰기를 가장 잘하는 아이 역시 비슷한 경험을 했을 것이다. 하지만 스스로 무언가를 만들어냈을 때, 그리고 그것을 성공적이라고 평가할 수 있을 때 이런 경험은 더욱 강렬해진다. 어떤 일을 처음 시도할 때 역시 마찬가지다.

2000년, 나는 우리 집 정원에 작은 온실을 하나 지었다. 철재와 유리로 만든 것이었다. 전문가에게는 별것 아닌 일이었겠지만, 내게는 그렇지 않았다. 이 프로젝트를 실행하려면 철재를 서로 용접해야 했으므로, 일단 용접과정을 이수했다. 이 프로젝트의 기본이 되는 업무과정을 익히기 위해서였다.

용접 면이 매끈하도록 작업하는 일은 절대 간단치 않다. 용접할 때는 재료와 온도, 그리고 경험이 무엇보다 중요했다. 마침내 용접기를 사서 계획했던 것들을 실행에 옮기기 시작했다.

그 온실은 분해된 채로 한 친구의 정원 잔디 위에 거의 60년 가까이 방치되어 있던 것인데, 그 친구가 나에게 선물한 것이었다. 철재들은 이미 무성하게 웃자란 풀숲 아래 감추어져 있었다. 원래 어느 식물원에 있던 것이었는데, 쓸모가 없어졌다고 했다. 친구의 정원에 있던 그 철재들을 가져올 때 나는 그러니까, 버려진 자재들에 새 생명을 불어

넣어 원래의 용도로 쓰이게 해줄 구원자라도 된 듯한 기분이었다.

그것들을 '정글'에서 가져오는 것만 해도 이미 쉽지 않은 일이었다. 무성하게 우거진 수풀 속에서 자재들을 모두 꺼내 오는 데만 여러 시간이 걸렸다. 그러고 나서 버팀대으로 쓸 철재를 전기톱으로 잘라 새로 맞춘 다음, 용접할 때와 지지대를 받칠 때 이웃에게 좀 도와달라고 부탁했다. 벽돌로 주춧대를 쌓아올릴 때 특히 도움이 많이 필요했다. 그러고도 몇 주가 지나서야 오래된 자재들로 만든 새 온실이 탄생했다. 나는 거기에 페라리 같은 빨간색을 칠하고, 철재 버팀대의 길이를 잰 다음 유리업자에게 크기에 맞게 유리를 제작해달라고 했다. 유리를 끼워 넣은 뒤에는 군데군데 실링 테이프를 붙여 잘 고정시켰다. 마지막으로 입구 위쪽에 금색 숫자판으로 '2000'이라고 써 붙였다. 온실이 재탄생한 해였다. 온실 준공을 기념해 가족과 함께 이웃을 초대해 그릴 파티를 열었다.

솔직히 털어놓자면, 멋지게 완성해낸 이 작품을 볼 때마다 정말로 기쁘다. 이따금 친구들에게 보여줄 때면 나도 모르게 으쓱해지기도 한다. 그전까지만 해도 유리로 된 온실을 내 손으로 직접 만들 수 있으리라고는 생각하지 못했다. 그런데 그것을 멋지게 해낸 것이다. 그것도 오래된 자재들을 이용해서 다시 쓸 수 있게 만들었다. 비록 예전에 쓰던 유리는 남아 있지 않아 새 유리를 오래된 철재에 끼워 넣기는 했지만. 전에는 전혀 알지 못했던 일들을 알게 되었고, 그 일들의 연관관계를 파악했으며, 얼마간 수동성을 깨고 나올 수 있었다. 이런 수동성이라면 다들 잘 알고 있을 것이다. 다른 누군가가 이미 나를 위해 만들어놓은 것들이 있고, 나는 대가를 지불하고 그것을 쓰기만 하면 된다는 안일한 생각 말이다.

이런 수동적인 태도가 이미 루틴처럼 자리 잡아 더는 그 무엇도 직접 고치거나 할 수 없게 되었을 때, 심리학에서는 이 현상을 '학습된 무기력'이라고 부른다. 1960년대에 미국의 심리학자 마틴 셀리그먼Martin E. P. Seligman과 스티븐 마이어Steven Meyer가 제시한 이 개념은, 어떠한 시도나 노력도 결과를 바꿀 수 없다는 생각이 오랫동안 계속되어 점점 더 무기력해지는 현상을 의미한다. 대개는 피하거나 극복할 수 없는 부정적인 상황에 지속적으로 노출되면 나타난다고 한다. 이런 상태에 처한 사람들은 말한다. "어차피 아무 소용도 없어. 내가 할 수 있는 게 아무것도 없는걸. 내겐 이 상황을 극복할만한 힘이 남아 있지 않아." 그런 상태에서는 자신의 인생에서 어차피 바뀔 게 아무것도 없다고 생각하기 때문에 어떤 일도 하려고 하지 않게 된다.

그들은 낙담한다. 이것이 병증으로 발전하면 이들은 자신이 문제투성이라고, 또 희생자라고 생각하게 된다. 그리고 마침내는 무감각한 상태에 이른다. 이런 현상은 사회적인 공동체에도 똑같이 적용될 수 있다.

직접 무언가를 고칠 수 있다는 것은, 이런 무기력에 대한 하나의 대응모델이며 아무것도 할 수 없다는 느낌에서 벗어나는 길이기도 하다. 잘만 하면 이 길의 끝에는 작은 기쁨이 기다리고 있다. 여름밤이면 종종 나는 열렬한 오토바이 애호가이자 수리 전문가인 이웃이 자신의 낡은 오토바이를 하나하나 손질하는 것을 바라보곤 한다. 그럴 때면 이따금 오토바이를 타고 달리는 것보다 수리하는 일이 오히려 그를 더 행복하게 하는 건 아닐까 궁금해하곤 한다.

그러므로 리페어 컬처를 강조할 때 내가 중요하게 여기는 것은, 다시 한번 강조하지만, 누구나 모든 것을 직접 수리해야 한다는 것이 아니다. 무엇이든 고장이 났을 때 소비자들은 고장 난 물건을 단순히 재활용할지 폐기할지를 고민하는 데 그쳐서는 안 된다. 수리가 가능한지 어떤지를 먼저 고민해보자는 것이다. "맙소사, 이걸 고쳐 쓰시겠다고요? 이건 그만 잊어버리시는 게 나을 거예요. 이제 수리할 수 없습니다." 혹 고칠 수 있겠냐고 고장 난 물건을 내밀었을 때, 더는 판매자가 이렇게 말하지 못하도록 우리는 모든 노력을 다해야 한다. 오히려 우리는 요구해야 한다. "여기서 산 물건이니 여기서 고쳐주셔야죠." 이렇게 말이다. 다행히 점점 더 많은 사람들이 그렇게 움직이고 있으며, 이런 행동들이 우리 사회를 더욱 긍정적인 곳으로 바꾸어놓으리라고 믿는다. 그런 점에서 나는 낙관론자다.

○

성장의 쳇바퀴에서 벗어나는 길

리페어 컬처를 향하여

한 사람 한 사람의 개인이 사회 전체를 위해 지속적인 어떤 행동을 취한다는 것은 어떤 의미를 지닐까라는 질문에 간단히 대답하기는 어렵다. 예를 들어 내가 어떻게 생활하는가에 따라 달라질 내 이산화탄소 발자국을 최대한 줄이려 애쓰면서 생태학적으로 더 올바르게 생활하려 노력한다고 해서, 나 스스로가 더 나은 사람으로 느껴질까? 그렇게 해서 내가 지구온난화를 막을 수 있을까? 극지방 빙산들이 녹는 속도를 늦출 수 있을까? 그냥 전 세계 인구가 방출하는 것으로 추정되는 이산화탄소 총량을 인구수로 나누어, 한 사람 한 사람에게 각자 최소 할당량을 맡길 수는 없을까? 에스키모와 유럽인들이 먹는 음식이 다르고 사용하는 난방에너지가 다른 것처럼 전 세계인의 삶의 방식 역시 천차만별이니 그건 너무 순진한 생각일까? 그러나 달리 생각하면, 각각의 개인이 실천해서 이루어낸 수많은 작은 성공들이 모여 사회 전체를 바꾸기도 한다. 소비자들의 행동에 맞추어 산업 역시 달라지기 때문이다.

리페어 컬처가 한 사람 한 사람 개인에서 시작해, 전체 사회를 바꾸는 하나의 운동으로 퍼지는 것이 내 바람이다. 그리고 이제 때가 된 듯하다.

물론 이 과정에서 나타나는 반발이나 여러 타격에 맞설 수도 있어야 한다. 몇 해 전 에너지 소비기준과 자원 소비기준을 모두 적용해서 만든 생태학적 휴대전화기가 시장에 나온 적이 있다. 하지만 그것을 사려는 소비자는 거의 없었는데, 디자인도 그다지 매력적이지 않았던 데다 필수적이라고 생각되는 몇몇 기능들이 아예 탑재되어 있지 않았기 때문이다. 그 전화기로는 단지 통화만 할 수 있을 뿐이었다. 이것은 제조사로서는 큰 실패였으며, 에코 디자인에도 여러 요소가 충분히 고려되어야 한다는 사실을 보여주는 사례가 되었다.

이보다 중요하고, 또한 사람들이 받아들이는 데 저항이 덜한 쪽은 수리 가능한 디자인을 다시 강화하는 것이다.

즉 제품의 수리 가능성을 경쟁력의 중요한 기준으로 삼아 그 중심에 세우는 것이다. 함께 만들고 또 함께 업그레이드 시켜 나갈 수 있는 리눅스* 같은 개방형 운영체제나 계획을 세워 수리할 수 있도록 만든 제품들이 훌륭한 모범이 될 것이다.

소크라테스에 따르면 도덕의 결핍이란 사실 지식의 결핍과 다르지 않다. 이 말은 지금의 우리가 곧 에너지 상태와 자원 상태, 생태학적 측면과 경제학적 측면 사이의 복잡한 관계들을 알고, 종합적으로 판단하여 올바르게 행동해야 한다는 뜻일 것이다. 그렇게 할 때만 우리는 생활방식에 변화를 줄 수 있을 것이며, 다음 세대에게 미래가 가능하도록 오늘을 살아야 한다는 요구에도 부응할 것이다. 이 점은 상대적으로 부유한 서유럽에서 특히 더 많이 요구되고 있다.

지속가능한 발전과 관련해서라면, 1987년 세계환경개발위원회WCED가 발표한 이후 지속가능성이라는 주제에 관해서는 오늘날까지도 그 바탕으로 여겨지고 있는 브룬트란트 보고서에 이렇게 기록되어 있다. "사회적인 정의 역시 지속가능한 행동을 위한 전제 조건이다. 빈곤하고 식량조차 부족한 이들에게 배부른 서구인들에게 하는 만큼 미래 사회를 위해 기여하라고 요구할 수 없다. 자원이 유한

한 지구를 생각하면, 어차피 서구인의 생활방식은 점점 더 증가하고 있는 세계 인구에 모두 적용할 수 없다. 우리는 우리의 사고방식을 전환시켜줄 조정장치들을 마련해야 한다. 이 장치에는 시장지배력은 물론이고 도덕적인 측면, 정서적인 마케팅, 그리고 아주 중요한 요소로서 새로운 기술도 포함되어야 할 것이다."

30년도 더 지났지만 이 말이 시사하는 바는 여전히 매우 크다. 시장지배력이란 이를테면 어떤 제품의 판매가격은 점차 그 제품의 진정한 가치를 반영해야 한다는 것을 가리키는 말이다. 그럴 경우, 제품 가격은 전체 자원의 소비와 에너지 소비는 물론이고 제품의 내구성과 관련, 수선과 재활용 비용까지 모두 고려해서 정해야 할 것이다. 이 과정은 물론 천천히, 단계적으로, 사회적인 충격을 완화시키며 이루어져야 한다. 이에 따르면 어떤 제품들은 많은 사람들이 살 수 없을 만큼 비싸질 수밖에 없기 때문이다. 스테

---

* 대형 기종에서만 작동하던 운영체계인 유닉스를 개인용 컴퓨터에서도 작동할 수 있도록 만든 공개용 운영체제. 소스 코드를 무료로 공개하여 전 세계 프로그램 개발자들에 의해 지속적인 업그레이드가 이루어진다. 1989년, 핀란드의 대학생 리누스 토발즈Linus Torvalds가 처음 개발했다.

이크 한 접시를 만드는 데 필요한 비용을 계산한다고 했을 때, 원재료에 물과 미네랄, 에너지, 운송 비용까지 모두 포함한다면 그 스테이크의 가격이 얼마나 비싸지겠는가.

내 생각에는 새로운 기술의 개발과 함께 수리·수선 사회, 재활용 사회가 되어야만 인류가 직면하게 될 미래의 도전에 대응할 수 있을 것이다. 물론 지리학적 에너지, 태양에너지, 풍력에너지, 수력에너지처럼 오랫동안 사용 가능한 에너지원을 이용한다는 것을 전제해서 말이다. 그러나 그렇게 하기 위해서는 새로운 기술이 개발되어야 한다. 설사 우리 모두에게 재활용 말고는 다른 대안이 없다 하더라도, 또 다음 세대를 위해 생태학적으로 올바르게, 지속적으로, 그리고 도덕적으로 행동하려 할 때 한 가지만은 피할 수 없기 때문이다. 그것은 바로 수리하고, 재활용하고, 끝까지 다 쓰고, 신재생에너지를 저장하고 분배하는 기술이 필요하다는 사실이다. 그동안에도 전 세계 인구는 여전히 증가하고 있으니 말이다.

50년쯤 후 항공 연료가 부족해 돈을 주고도 살 수가 없어진다면, 비행을 하는 게 전혀 불가능해질까? 아니면 새로운 기술이 이것을 가능하게 해줄까?

현재 어떤 우수한 배터리라 해도, 아직은 그 에너지 밀도*가 지구상의 이차원 평면 위의 한 지점 A에서 B로 어떤 물체를 옮길 수 있을 뿐, 비행이라는 삼차원에서 가능할 정도의 수준, 그러니까 중력을 극복하는 데 필요한 에너지까지 갖추는 데까지 다다르려면 한참 멀었다. 현재 리튬이온 전지와 항공연료의 밀도는 100배나 차이가 난다.

이러한 예시들 하나하나는 '어떻게 하면 전 지구의 기업들이 앞으로는 경제적으로 점점 더 감당하기 힘들어지는 자원약탈적 사업방식에서 지속가능한 생산으로 그 방향을 옮겨갈 수 있을까'라는 거시적인 문제로 이어진다. 이때 이 퍼즐을 완성하는 중요한 조각 가운데 하나는, 우리 소비자들이 더욱 현명해져야 한다는 것이다.

'스마트기기'는 점점 더 자주 입에 오르고 있다. 전화기는 스마트폰이 되었고, 벌써 자율주행 자동차까지 등장하고 있다. 하지만 내게는 스마트한 기기보다 스마트한 인간이 먼저고, 또 더 좋다. 뻔한 미사여구가 아니라, 스마트한 인간이 진정으로 스마트한 제품들을 만들고 이용해야한다는 뜻이다. 어마어마하게 쏟아져나오는 제품들 사이에서 무엇이 중요하고 무엇이 그렇지 않은지 우리 소비자들이 구분할 수 없는 상태라면, 그건 제대로 된 발전이라

---

* 단위 부피에 저장된 에너지로, 전지나 연료의 효율을 나타내는 지표다.

고 볼 수 없다. 우리는 끊임없이 자신에게 스마트한 질문을 던져야 한다. 예를 들면, 대체 왜 매년 새 휴대전화기를 사야 하는가 하는 것들 말이다. 소비 사회의 저주 속에서, 우리는 저도 모르게 사용 만료 날짜를 정해놓고 있는 셈이다. 아직도.

흔히 경제활동을 그 이유로 들곤 한다. 신제품들을 계속 사들임으로써 내가 경제에 보탬이 되는, 뭔가 좋은 일을 한 것은 아닐까? 세련된 새 제품을 사면서 스스로를 정당화하면서, 채 1년도 안 된 물건을 쓰레기통에 던져버리는 것이다. 우리 지구의 자원이 유한하다는 것을 생각하면, 이런 식의 소비는 당연히 바뀌어야만 한다.

쓰레기를 맛보라
: 쓰레기를 어디에 잘 활용할 수 있을까

의도적 노후화라는 문제에 대해서는 이미 충분할 정도로 논의되어왔으나, 문제는 기능에 전혀 이상이 없는 제품들을 버리는 일이다. 개인적인 소비 성향 때문이든, 배기가스 촉매제가 설치되어 있지 않은 낡은 자동차에 한해 폐차 보조금을 지급하는 식의 정책 때문이든, 특히 식품 산업에서 그러한 과잉생산 때문이든 말이다. 소비 촉진과 일자리 확보를 내세운 국민경제 및 기업경제를 우위에 둘지 아니면 환경영향평가를 우위에 둘지 팽팽하게 대립되는 상황에서, 이런 행동들에 대한 평가는 해당 이해집단에 따라 완전히 달라질 수 있다.

2012년, 슈투트가르트 대학이 독일연방식품농업소비자보호부의 위탁을 받아 조사한 바에 따르면, 독일에서는 매년 음식물 1,100만 톤이 쓰레기통으로 들어간다. 국민 일인당으로 환산해보면 약 100킬로그램에 해당하는 양이다. 이를 두고 우리 지구의 소중한 물자를 의식 있고 책임감 있게 소비하는 태도라고는 할 수 없을 것이다. 사물에 대해, 그러니까 자연은 물론이고 우리 인간들이 만들어낸 모든 물건에 새로운 가치평가를 하는 것이 현재로서는 무엇보다 시급하다. 자원이 유한한 이 지구라는 행성에 살고 있는 전 인류의 운명공동체에게 이러한 사고의 전환은 반드시 이루어져야 한다. 과학자와 발명가, 기술자, 그리고 사회를 구성하는 다른 모든 집단들과 함께 만들어야 한다. 문제가 더 커지기 전에 우리가 직접 나서야 한다. 우리는 할 수 있으며, 하지 않으면 안 된다.

청년들 사이에서 이런 의식이 점점 더 퍼져나가면서, 적극적으로 저항하는 이들이 등장하고 있다. 그들은 슈퍼마켓, 할인점, 시장과 음식점에서 아직 쓸 수 있는 것들을 건져올리기 시작했다. 이러한 운동을 부르짖는 미국의 이 청년들은 스스로를 덤프스터Dumpster 혹은 덤프다이버 Dumpdiver라 부른다.* 독일에서는 컨테이너른Containern, 뮐타우헨Mülltauchen**이라 부르는 이들 덤프스터와 덤프 다이버는 이렇게 쓰레기통을 뒤지면서부터 시작했다. 이 들은 그렇게 쓰레기통에서 꺼낸, 버려진 음식들을 자신이 직접 먹기도 하고, 과잉생산과 이로 인한 음식물 폐기에 대 해 주의를 환기시키기도 하며, 버려진 음식물을 다른 사람 들에게 제공하기도 한다. 단순히 무료 급식 같은 것을 말하 는 것이 아니다. '푸드 셰어링food sharing'이라는 슬로건 아 래 이들은 그렇게 구해낸 음식들―아주 조금 갈변한 곳만 살짝 베어내면 되는 과일과 채소, 유통기한이 지나자마자 버려지거나 포장이 찌그러져서 소비자들이 가져가지 않는 포장음식들―을 공동생활을 하는 단체에 나누어주거나, 이 음식들을 이용해 식당을 운영하기도 한다. 이 식당에 서는 음식값으로 덤프스터와 요리사에게 나가는 경비 정 도만 받는다. 물론 그런 '식당'은 '쓰레기를 맛보자taste the Waste'라는 모토 아래 은밀하게 운영되는데, 독일에서는 이렇게 쓰레기통을 뒤지는 일이 금지되어 있기 때문이다.

'어떤 식품도 상해서 못 먹는 일이 없도록' 하자는 것 은 이제 더는 전후 세대의 구호가 아니다. 그것은 결핍경제를 고려하여 포기를 호소하는 것이 아니라, 오히려 과잉경제 시대에 조금 더 도덕적으로 행동하자는 호소다. 남아도는 물품들을 내다 버릴 게 아니라 필요한 이들이 쓸 수 있도록 하자는 것이다.

이런 트렌드는 책이나 CD, 화장품, 그 외에 아직 쓸만한 것들이 들어 있는 선물상자를 나눠주는 공짜 상점 같은 새로운 형태의 시설물로도 확대되고 있다. '상호부조' 혹은 '공짜 경제'가 이를 가리키는 개념들이다. 이것은 이미 도를 넘은 지 오래인, 쉽게 쓰고 버리는 사회에 저항하는 움직임이다.

의미 있는 성장

돈이 세상을 굴러가게 한다Money makes the World go around. 유감스럽지만 이것은 바꿀 수 없는 사실이다. 물론 대대적인 교환경제로 돌아가자는 말은 아니다. 하지만 계속해서 이

---

* 'dump'는 쓰레기장을 뜻하며, 'dumpster'는 일반적으로 대형 슈퍼마켓이나 아파트 단지에서 쓰이는 쓰레기 수집용 철제 컨테이너를 일컫는 말이기도 하다.
** 영어와 같은 뜻의 독일어 표기.

렇게 양적으로 성장하는 경제만 추구한다면 우리는 결국 모든 것을 잃어버릴지 모른다. 독일에도 여전히 매번 신형 휴대전화기를 살 수는 없는 사람들이 충분히 많다. 2012년 독일연방 정부의 빈곤 보고서에 따르면, 독일 국민 일곱 명에 한 사람은 '빈곤의 위기에 처해' 있으며, 풀타임으로 일하는 독신 노동자 가운데 일부는 생계를 보장하기에 충분하지 않은 시간당 임금을 받는다고 한다. 이로 인해 '사회적 결속력' 또한 약해져 있다고 한다. 아이들에게 미치는 사회적 압박은 말할 것도 없는데, 최신 아이폰이나 멋진 나이키 운동화를 가지고 있어야 또래집단과 어울릴 수 있다고 한다. 물론 이런 압박에서 벗어나기란 결코 쉬운 일이 아니다.

광고는 우리에게 여전히 채워지지 않는 어떤 욕망이 있음을 매일같이 확인시켜준다. 이런 와중에 성장을 비판하는 것은 전혀 쿨하지 않은 태도인 듯 보인다. 무조건 뭔가 새로운 것을 창조해야만 할 것 같고, 그래야만 성장할 수 있을 것만 같다. 하지만 전 독일연방 대통령 호르스트 퀼러Horst Köhler, 2004~2010 재임를 비롯, 많은 지식인들은 여러 논쟁을 통해 '성장은 그 자체가 목표일 수 없으며 목표가 되어서도 안 된다'고 끊임없이 지적해왔다. 더 구체적으로 말해보자면, 예컨대 항공 산업 부문에서 연간 3퍼센트의 성장을 목표로 한다면, 순전히 산술적으로만 봤을 때, 20년 후 항공교통은 현재의 두 배에 이르는 승객을 실어 날라야 한다는 뜻이다. 그리고 이것은 공항 건설과 물류, 교통 연계 시스템에 이르기까지 엄청난 영향을 미칠 것이다.

물론 전혀 충족되지 못하고 있는, 후발수요가 있는 시장들도 아직 남아 있다. 재활용과 관련한 기술들, 고령화사회에 대비한 제품과 서비스 상품, 깨끗한 물과 환경, 자연, 에너지, 의료 등이 그것이다. 아직 많은 분야에 인정할 만한 성장 시장이 남아 있는데, 특히 저개발 국가에서는 더욱 그렇다. 예컨대 자동차는 오늘날 이런 성장 시장에서 훨씬 더 잘 팔린다. 그리고 저개발 국가 국민들은 왜 유럽과 같은 수준의 복지를 누릴 수 없는지 역시 계속 질문해야 한다. 세계 인구가 여전히 증가하고 있는 상황에서 지구상 모든 사람이 동일한 수준의 '복지'를 누리는 것이 과연 가능한가 하는 토론은 포화시장에서 주로 이루어질 뿐이다. 아직 후발수요가 있는 중국의 중산층은 물론이고, 아직 발전 기회와 분배의 정의가 우선 요구되는 빈곤국가에서는 더더욱 먼 이야기다. 그러므로 각종 국제연합기구에서부터 여러 원조기구들, 싱크탱크, 그리고 NGO 단체에서 먼저 전 지구 차원의 복지문제를 본질적으로 고민해야 한다. 이는 자원 문제이자 동시에 환경 문제이기도 하다.

'성장'은 지금까지는 성공적인 경제모델의 중심 개념이었으며, 역사적으로 볼 때 빈곤과 실업에 대한 비중 있는 대답이기도 했다. 더 많은 성장은 새로운 일자리 창출로 이어지고, 경제 성장을 약속하지 못하는 정당은 유권자에게 선택받기가 어려웠다. 오랫동안 이런 생각들에 이끌려왔으나, 우리는 지구라는 폐쇄된 시스템 안에서 살고 있다. 본질적으로 우리는 태양에너지 같은 자연에너지만 쓸 수 있다. 당연히 독일의 에너지 전환 역시 태양력, 풍력, 수력 에너지를 확보하는 것을 경제 발달 과정의 중심에 두었다. 계속 이렇게 양적인 성장만을 앞세운다면, 20년 후에도 자동차뿐 아니라 컴퓨터, 휴대전화기, 수영장용 펌프 같은 것들까지 모두 두 배씩은 더 가지고자 한다면, 사회는 제대로 유지될 수 없다. 그런 식의 전 지구적 성장은, 점점 늘어나는 쓰레기와 소비 사회로 인해 발생할 다른 문제들은 차치하더라도 장기적으로는 불가능하다.

미국의 사회학자 제러미 리프킨Jeremy Rifkin은 여러 저서를 통해 이 세상에서의 빈곤 퇴치는 오로지 새로운 경제 시스템으로만 가능하다고 분명히 지적해왔다. 그에 따르면 브레이크 없는 성장은 비경제적이다. 1972년 로마클럽이 발간한 보고서를 통해 미국의 경제학자 데니스 메도

스Dennis Meadows가 언급한 이런 생각은 여전히 유효하지만, 경제 전문가들은 지금까지도 이에 대해 이견이 분분하다. 결국 문제는 공동의 복지까지 고려한 다른 '성장모델'을 찾는 것이다.

전 독일연방 대통령 호르스트 쾰러는 2009년 아우크스부르크에서 있었던 독일환경상 수상식 연설에서, 물질적인 결핍에 익숙해져야 할 것이라는 사실에 사람들이 불만을 터뜨리는 일이 점점 더 잦아지고 있다고 지적한 바 있다. 우리가 아쉬워해야 할 것은 그게 아니다. 우리가 정말 안타까워해야 할 것은, 긴 시간 교통체증 속에 갇혀 있는 동안 정말로 사라져버리고 마는 것들―가족과 함께 보내는 시간, 더 많은 휴식 같은 것들이다. 이런 식으로 생각을 키워나가다 보면, 국민총생산GNP은 이제 더는 유일한 척도가 아니며, 경제 성장이 복지를 가늠하는 가장 중요한 잣대가 아니라는 점을 알게 될 것이다. 그동안 여러 기관들이 국민총생산을 복지의 유일한 지표로 삼아서는 안 되며, 기대수명과 건강, 행복, 삶과 일의 균형 등과 같은 연성軟性 요소들까지 이 지표에 포함시켜야 한다고 지적해왔다. 질적 성장―예컨대 8리터가 아니라 4리터의 휘발유만으로 100킬로미터를 달리는 자동차를 만드는 것 같은―에 더 높은 비중을 두어야 하는 것이다. 그러니까 오늘날 효율성을 높이는 것은, 예전처럼 단순히 엔진의 성능을 강화하는 것과 같은 기술자들만의 영역이 아니다. 이동성 분야에서의 발전은 완전히 새로운 구동장치 같은 자동차 기술의 혁신에서부터 지능적인 운전 지원과 교통 유도 시스템에 이르기까지, 미래 독일의 자동차산업에 커다란 기회를 주고 거대한 변화를 가져올 것이다. 이것은 단지 전기자동차나 (전기)연료전지―우리가 앞으로 약 60억 년 동안 사용할 수 있는 에너지를 탄화수소로(그러니까 태양에너지를 연료로) 바꾸는 일을 바탕으로 하는―를 개발하는 것과 같은 문제만이 아니라, 우리의 이동성을 어떤 방식으로 조직할 것인가 하는 문제와도 연결된다. 최소한 시내에서는 카셰어링을 통한 자동차 이용이 각자 자동차를 소유하는 방식의 과거 모델을 점차 대체해나갈 수 있을 것이다. 개인이 이런 교통 시스템을 자유롭게 이용할 수 있게 되면 디지털 세계는 미래에 자동차 부문과 함께 성장해나갈 것이다. 몹시 흥미진진한 발전이 아닐 수 없다.

휴대전화기를 지나치게 소비하는 것과 관련해서는 근본적인 사고의 전환이 필요해 보인다. 내 동료 가운데에는 7년 넘은 전화기를 아직도 잘 쓰고 있다며 뿌듯해하는 이도 있다. 물론 전혀 모르는 지역에서 등산할 때 내비게이션 프로그램과 GPS 기능이 탑재된 신형 스마트폰이 있다면 그것은 몹시 편리하고 또 의미 있는 기능일 것이다. 고해상도 카메라 기능 역시 마찬가지다. 차라리 나에게 문제라고 여겨지는 것은, 그보다는 애플리케이션이 너무 많아—바코드 리더 같은 것들 말이다—나에게 딱 맞는 것을 찾아내기가 너무 어렵다는 것이다. 기술적 가능성이 너무 많다 보니 오히려 나로서는 감당하기가 쉽지 않다. 그런 발전이 지금과 같은 속도로 과연 계속될 수 있을까? 기술적으로 발전이 가능할까가 아니라 우리 인간의 수용 능력이 기술을 따라갈 수 있을까 싶은 것이다. 그것은 능선을 타는 것과도 비슷해 보인다. 전자기기의 기능이 한 가지 더 늘어나는 것이 결국 진보에서는 한 걸음 물러나는 것처럼 느껴지는 시점이 누구에게나 한 번은 있었을 것이다. 세탁기의 프로그램이 너무 많아지는 바람에 오히려 그 기능들을 파악하기가 더 어려워지는 식의 발전이 이와 비슷하지 않을까?

10년이 지난 지금 돌이켜보면, 과거 모토롤라의 폴더폰 'RAZR' 같은 전화기가 5년 이상 꾸준히 팔렸다는 것은 시대착오적인 현상처럼 보인다. 당시만 해도 마주 보고 직접 얘기 나눌 수 없는 사람과 통화할 수 있게 해주는 이상의 기기는 필요치 않았다. 하지만 지금의 휴대전화기는 사진기에 비디오카메라, 음악 재생장치, 소형 게임기, 도로 안내장치, 사회적 네트워크를 이용한 상호 커뮤니케이션을 가능하게 하는 것 말고도 하드웨어에 수많은 응용 프로그램들을 탑재하고 있다. 전화기로서의 기능은 오히려 부수적인 것처럼 보인다. 게다가 반년, 아무리 늦어도 9개월만 지나도 지금의 전화기는 또 낡은 것이 되어버린다. 적어도 휴대전화기를 바꿔 자신의 현대성을 확인하려는 이들에게는 그렇다. 어떤 제조사든 이 숨 가쁜 경쟁에서 조금만 뒤처져도 순식간에 매출에 엄청난 문제가 생길 수 있다. 스마트폰은 꾸준히 더 얇아질 것이며, 디스플레이나 내장 카메라의 픽셀, 저장용량 및 프로세서의 속도는 당연히 더 높아질 것이다. 그러려면 상당한 개발비를 지출해야 할 테고, 제조사들은 판매를 통해 이 비용을 다시 거둬들여야 한다. 제조사들 입장에서는 쫓긴다고도 볼 수 있을 이런 역동적인 시장에서 근본적으로 완전히 새로운 것을 개발할 시간은 오히려 줄어들고 있다. 결국 원자재 소비의 증가를 염려하고, 제조에 더 많은 귀금속과 코팅용 화학물질, 폴리머와 배터리가 쓰이는 것을 걱정하는 모든 사람들은 오히려 루저가 된다. 새로운 제품을 개발할 때 더 많은 에너지와 물, 다른 많은 자원들이 필요한 것은 말할 것도 없다. 재활용을 통해 어느 정도 보완한다 해도, 어쨌거나 에너지는 소비되며, 폐기되는 전자제품 쓰레기와 부분적으로 유독한 쓰레기 들은 환경에 큰 부담을 준다.

어쩌면 이 역시 찰나일지 모른다. 곧 그 사이클은 최소치에 다다를 것이다. 그렇게 되면 소비자들 역시 앞으로 내구성에 더 많은 가치를 두고, 진보와 현대성, 복지에 대해 새롭게 규정하게 될 것이다. 제품의 환경적 균형은 물론, 새로운 기기가 정말로 우리를 행복하게 만들어줄 것인가 하는 문제와 같은 사회적인 요소까지 감안해 이에 어울리는 복지를 고민하게 될 것이다. 지금도 일부러 가능한 한 오래된 휴대전화기를 사용하려 애쓰는 사람들이 있다. 이 전화기로도 아무 문제가 없으며 여전히 잘 작동하는 것을 뿌듯해하면서 말이다. 나는 잘 모르겠다. 이들이 단순히 소비를 거부하는 이들, 향수병에 걸린 고지식한 자들일까? 아니면 생각의 변화를 앞서 실천하는 선구들일까? 심지어 이들끼리는 누가 가장 오래된 모델을 사용하고 있을까를 서로 겨루는 흥미로운 장면도 연출되지 않을까? 물론 이런 기기들의 생명은, 우리가 아날로그 지상파 중계가 중단되면서 이미 비슷한 일을 경험했다시피 통신 표준이 바뀌면 결국 끝나버리고 만다. 지붕 위의 안테나는 갑자기 쓸모없게 되어버렸다. 디지털 방식의 지상파 채널, 케이블 텔레비전이나 위성방송이 새로운 표준이 되었다. 물론 이런 것들은 많은 점을 개선시켜주었다. 특히 방송의 품질 면에서 그랬다. 그러나 이 과정에서 구식 텔레비전 수집가들은 전혀 고려되지 않았다. 그들은 구식 텔레비전들을 계속 사용할 수 있기를 바랐다. 결국 반복해서 공지되어온 아날로그 방송 중단일이 눈앞에 이르렀다. 그때가 되면 거실에 놓여 있던 수백만 대의 텔레비전 수상기가 순식간에 무용지물이 되어버릴지도 모른다. 나 같은 라디오 수집가가 초단파 방송뿐 아니라 이따금 중파나 장파, 혹은 단파로 송출되는 방송을 수신할 때도 이용하는 고풍스러운 멋진 라디오들도 같은 신세다. 디지털 신호를 아날로그로 변환한 다음, 수신 거리가 아주 짧은 일부 지역으로만 신호를 송출하는 소형 방송사를 통하지 않는 이상 사용이 불가능해지는 것이다. 최초의 모델들이 이미 시장에 나와 있기도 하지만, 아날로그 방식의 LP에 대한 관심이 다시 커지는 것과 비슷하게, 이는 아마 미래에 향수병에 걸린 사람들을 대상으로 하는 새로운 사업이 될 것이다.

어쩌면 미디어들 역시 최신 모델뿐 아니라 옛 모델들이 가지고 있는 매력과 장점에 대해 더 자주 보도해야 할지도 모른다. 앞서 말했 듯 LP가 다시 제작되기 시작한 것만 보아도 그렇다. 음악을 담아두던 구식 장치는 아직 죽지 않았다. 우리는 전혀 놀라운 방향을 향해 가고 있다. 물론 그 이유는 좀 다를 수도 있지만 말이다. 순수한 음질을 추구하는 이들은 LP의 '소릿골'이 내는 소리를 최고로 여긴다. 그들은 CD가 내는 소리를 합성음처럼 느끼기도 하고, MP3 가 그렇듯 입력과정에서 자신들이 좋아하는 음악의 주파수 범위를 잘라내는 것을 완강히 거부하기도 하니까 말이다.

그런 점에서는 나 역시 비슷한데, 아닌 게 아니라 나는 진공관식 라디오 앰프나 뮤직박스가 전달해주는 소리의 '따뜻한' 스펙트럼을 좋아한다. 그러니까 나는 수집가이자 수리 애호가이면서 이런 기기들을 보존하는 사람이며, 주크박스를 주로 전시하고 판매하는 원 모어 타임 박람회 One-More-Time-Messe 같은 1950년대식 장터에서 흔히 만날 수 있는 그런 성향의 사람이다. 나는 진공관식 라디오를 켠 다음 라디오 케이스에서 약간 뒤로 물러서서, 어둑어둑한 초저녁 무렵 그 진공관이 발하는 붉은 불빛을 바라보는 것도 좋아한다. 유리관에서 맡을 수 있는, 약간의 온기를 머금은 먼지 냄새 역시 반갑기만 하다. 그 냄새를 맡으면 오래전 어린아이들이 잠들기 전, 아마도 일곱 시쯤 아이들을 위한 달콤한 음악방송을 들었던 그 시절이 떠오른다. 바이에른 방송에서 아직도 그런 음악을 들을 수 있다는 것은 얼마나 멋진 일인가! 나에게는 설사 단파나 중파만 쓸 수 있을 뿐 음질 면에서 훨씬 더 좋은 초단파는 못 쓰게 된다 하더라도, 오래된 라디오로 음악을 듣는 것 자체가 정말 멋진 일이다. 그런데 디지털 신호라니…… 주파수가 잘 맞춰졌는지를 확인할 수 있었던, 이른바 '마법의 눈'이라 불렸던 녹색 불빛만 해도 마치 태곳적 마술과도 같이 어린 나를 매료시키며 뚜렷한 각인을 남겨놓았다. 비슷한 경험이 있는 사람이라면 누구라도 이해할 것이다.

그렇다고 이런 향수 섞인 말들로 우리 삶의 조건을 더 나아지게 만드는 현대 기술에 딴죽을 걸려는 것은 아니다. 오히려 그 반대다. 인류의 기술 발달의 역사는 그 발달로 인해 가능해진 사회적 발달과 함께, 현재 우리가 누리고 있는 복지 역시 가능하게 만들었다. 하지만 우리가 누리고 있는 복지를, 이 지구에 사는 모든 사람이 누리고 있지는 못한다. 결국 우리는 이미 기술이 무엇보다 결정적인 역할을 하고 있는, 발전할 대로 발전한 사회의 끝자락에 서 있는 것이 아니다. 오히려 제대로만 한다면, 꿈이 이루어질 수만 있다면, 지구 어디에서든 지속가능한 삶의 방식을 가능하게 해줄 새로운 발전의 출발점에 서 있는 것이다.

수리·수선에는 보상이 따른다

산업화 이전에는 제작과 수리가 당연히 하나의 덩어리였다. 제조된 상품의 가치가 내구성에 따라서도 결정되었기 때문이다. 당시에는 자원이 부족한 것이 워낙 일상이었으며, 원자재 확보에 관한 한, 예컨대 광산에서는 충분한 양의 원광석을 캐낼 수 없었다. 기계의 도움 없이 사람의 힘만으로 채광하는 데는 한계가 있었던 데다가 제련 기술 역시 원시적이어서 얻을 수 있는 양이 많지 않았다. 그래서 철광석은 매우 값나가는 재료였으며, 부러진 칼은 어떻게든 다시 고쳐서 써야 했다. 전쟁터에서도 다시 쓸 수 있는 것들을 뒤졌다. 증기기관도 없었고, 광산에는 압축공기 착암기鑿巖機도 없었으며, 다이너마이트도, 모터도, 컨베이어 벨트도, 갱도 굴착기도 없었다. 어떤 힘든 일이라도 모두 직접 손으로 해야 했다. 이제는 누구도 그런 일을 하려고 하지도 않지만, 증기기관과 이후의 내연기관들, 전기모터, 인간의 노동력을 대체하는 각종 기계들의 발명, 그리고 열기관과 카르노 순환과정, 열역학 제2법칙의 발견을 가능하게 한 이론물리학의 발전은 하나의 축복이었다. 그러나 바로 이와 함께 (일부러는 아니라도) 어느새 리페어 컬처에 대한 필요성이 사라지기 시작했다.

산업화가 막 시작되던 19세기에는 최신 기술이 발달하면서 값비싼 지하자원, 그러니까 이 지구의 천연자원을 개발하기가 점점 더 쉬워졌다. 자원을 개발하는 것이 기술적으로 더 쉬워지기는 했으나, 그렇다고 원자재 가격이 싸진 것은 아니었다. 원자재 가격은 여전히 높게 책정되었으며, 제품의 내구성 역시 아직 중요했다. 20세기에 두 번의 세계대전을 겪는 동안에는 수차례 물자 부족 현상을 맞아야 했다. 그 기간에 상품과 재화 교류에 제약이 있었기 때문이다. 이때 아주 중요한 것들이 발명되었는데, 1933년 영국에서 만들어진 폴리에틸렌 같은 것들이 그것이다. 폴리에틸렌에서 플라스틱이 태어났다. 플라스틱은 그전에는 전혀 없던 형태의 재료였다. 유기화학이 아직 폴리머로는 두각을 나타내지 못하고 있었기 때문이다. (플라스틱의 시초인 베이클라이트는 페놀수지를 원료로 만든 것으로, 플라스틱이 개발되기 전까지 많이 사용되었다. 베이클라이트의 열렬한 수집가인 나는 얼마 전 폐기 직전의 환등기를 구해낸 적이 있다. 꼭 필요한 것은 아니었지만 그것은 공업사에서 중요한 재료인 베이클라이트로 만든 제품이었기 때문이다.)

독일에서는 1950년대까지만 해도 아껴 쓰고 또 고쳐 쓰는 문화가 당연했다. 전후 독일인들에게 자원 부족은 아직 뼛속 깊이 박혀 있었다. 고철들은 전에 없이 유용해서, 사람들은 고철들을 끌어모았다. 제조설비가 부족해서 금속 제품들을 충분히 생산할 수 없었다. 이러한 상황은 다시 수리, 그러니까 제품의 수명을 늘리는 조치로 이어졌다. 그

시절의 세대에게 자신만의 수리법에 대해 이야기해보라고
하면 우리는 깜짝 놀랄 것이다.

천연자원이든, 그 자원을 얻기 위해 필요한 기술력이
든, 이 지구상의 자원은 늘 부족했다. 서구의 산업국가들이
이러한 원료를 함부로 낭비했던 시대―지구의 역사에 비
추어보면 아주 짧은 순간, 그러니까 1960년대부터 최근까
지―는 이제 잊어야 한다. 우리는 다시 수리하고 수선하는
법을 배워야 한다. 사물을 더 세심하게 다루기 위해서도 그
렇지만, 무엇보다 지구를 위해서도 그래야 한다. '굳이 수
리해서 쓸 필요가 있나?' 하는 말에 반박하기는 어렵지 않
다. 경제적인 측면에서는 여전히 그 말이 맞을지도 모른다.
예컨대 어떤 특정한 전구보다 새 조명기구를 더 싸게 살
수 있다면, 경영학적으로 살펴봤을 때 물건을 수리하는 것
은 때에 따라 무의미할 수도 있다. 각각의 부품들만 팔아서
는 경영학적으로 돈벌이가 되지 않는다. 일부러 반복해서
말하지만, 그러나 국민경제 측면에서 보면 이는 전혀 그렇
지 않다. 재작년에 나는 진공관식 텔레비전 수상기를 수리
했다. 경영학적으로 봤을 때는 LED 텔레비전을 한 대 새
로 구입하는 편이 나았을 것이다. 하지만 국민경제 측면에
서, 수리하고 재활용하지 않는 것은 곧 우리가 함께 파산하
는 길이다. 머지않아 화성이나 달에서 자원을 채굴해 오지

않는 이상―당분간은 거의 불가능한 일이겠지만―원자재 가격은 금세 폭등할 것이다.

독일 한복판에서 철도 선로를 파헤치거나 빗물 홈통을 떼어가는, 쇠붙이나 구리 도둑들의 존재가 이미 우리 사회가 재활용 사회로 돌아가고 있다는 (기괴한) 징후의 시작일지도 모른다. 30년 전이었다면 쇠붙이를 훔쳐가는 일은 없었을 것이다. 새로 생산된 철강 제품이 훨씬 더 저렴했으니 말이다. 에너지 자체가 점점 더 비싸지고 있는 현재, 이제 그런 흐름들이 바뀌고 있다.

우리는 어떤 제품이라도 가능한 한 오래 고쳐서 다시 쓸 수 있어야 한다. 수리의 다음 단계인 재활용 역시 비용이 드는 데다, 각 제품과 재료에 맞는 재활용 공정을 개발하기 시작한 것도 비교적 최근의 일이기 때문이다. 또 제품 사용에 에너지와 노동력을 최대한 덜 쓰면서 제품이 분해될 수 있도록 새롭게 디자인해야 한다. 수명이 긴 제품들이 많아질수록 일자리가 줄어들 거라고 반대하는 이들에게는, 노동은 목적 그 자체가 아니라 더 큰 전체를 위한 것이어야 한다고 대응하면 된다.

물론 결국은 재활용하지 않을 수는 없을 것이다. 현재 지구 표면은 거의 모두 파헤쳐진 상태다. 석유를 땅속에서 끌어 올릴 때도 우리는 질문해야 한다. 얼마간의 에너지를 얻기 위해 어느 정도 에너지를 투입해야 하는가. 1배럴의 에너지를 얻기 위해, 새로운 유전을 찾는 데 2배럴의 에너지를 사용해도 되는가? 아니, 안 된다. 말할 것도 없다. 계속해서 비용이 발생할 테니 일정한 깊이 이상 더 파 들어갈 수도 없다. 예컨대 적정 비용으로 채굴할 수 있는 (리튬이온 배터리 제조에 쓰이는) 리튬을 모두 캐냈다면, 이제 재활용 외에 다른 방법은 없다. 우주 차원에서 보면 지구상의 모든 원소는 오래전 태양이라는 거대한 핵융합반응로에서 만들어진 것으로, 초신성 폭발을 통해 우주로 퍼져나갔다가 마침내 지구가 형성될 때 한데 엉겨 붙어 우리가 사용될 수 있게 되었다. 이 귀중한 선물을 우리는 소중하게 다루어야 한다.

과거에 전화기를 만들 때는 케이스는 플라스틱, 전기 장치에는 구리 등 몇 가지 재료만으로도 만들 수 있었지만, 현재의 스마트폰은 그렇지 않다. 주기율표에 기록된 원소의 절반쯤에 해당하는 물질이 스마트폰을 만드는 데 쓰이고 있다. 구리, 알루미늄, 금, 코발트, 니오븀, 희토류 원소인 프라세오디뮴, 유로퓸, 가돌리늄, 란탄, 그리고 여러 다른 원소들이 미량으로라도 사용된다. 게다가 가벼우면서도 잘 깨지지 않고 마찰에 강하면서 또한 광택 처리가 가능한, 온갖 놀라운 특성을 지닌 본체를 만들기 위해서는 고분

자화학 역시 필요하다.

　　문제는 이런 희귀 원소와 이 원소가 함유된 광물질의 매장량이 유한할 뿐 아니라, 이 지구 어디에서나 캐낼 수 있는 것이 아니라는 점이다. 현재 브라질, 캐나다, 나이지리아 그리고 (희귀 금속인 형석, 바나듐, 텅스텐 또는 인듐의 경우) 특히 중국이 이런 물질들을 독점하고 있다. 그리고 이러한 국가들은 자원을 독점해 커다란 권력까지 행사하고 있다. 해당 원자재 생산량을 줄여서 가격을 장악하는 것이다. 혹 이런 물질들이 다른 나라에 있더라도 중국은 약탈가격 전략*을 펼쳐 가격을 책정함으로써 사실상 독점 국가의 지위를 확보해냈다. 타국에 더 저렴한 원자재 상태로 이 물질들을 공급하여 이 '미소의 나라'는 점점 더 이 희귀 물질에 대한 권력을 독점하고 또 그렇게 최종 제품을 생산함으로써 바로 그 자리에서 더 큰 부가가치를 만들어내고 있다.

　　이미 50년 전부터 있어왔던 석유, 가스 카르텔에 이어 새로운 원자재 카르텔이 생겨난 데다, 자원 분배를 둘러싼 전쟁 역시 간과할 수 없는 문제다. 원자재는 이렇게 전략적 수단이 된다. 예를 들어 배터리로 구동되는 전기자동차에 미래가 달려 있다고 한다면, 여기에는 원자재와 관련한 거대한 정치적인 문제가 결부되어 있는 셈이다. 하지만 이러한 긴장감 속에서 수소나 메탄으로 운영되는 연료전지—
새로운 전기자동차에 전기를 공급하는—가 더 전망 있는
해결책이라고 생각하는 것은 단순히 이 이유 때문만은 아
니다.

독일은 대응책으로 최근 연방지질자원연구소BGR 내
에 독일원자재청DERA을 설치했다. 원자재청은 주로 관찰
기구로서의 역할을 수행하지만, 또한 정치적인 영향력을
행사하고 전략적인 경제정책을 펼침으로써 전반적으로 긴
장을 완화하고, 포화 상태에 이른 상품의 이동을 통제하고,
원자재 공급자와 국제적인 대규모 광산업체, 생산자와 소
비자 간의 균형을 유지시키려 애쓰고 있다. 지구정책적으
로 엄청난 도전이라고 할 수 있다.

역사의 실패를 통해 우리는 배워야 한다. 현재 정말
새로운 것은 상품 이동의 규모일 뿐, 상품이 유입되는 현상
그 자체는 아니다. 자원이 부족했어도 고대에서부터 이미
소금, 후추, 차, 진기한 안료顏料 들이 지구 구석구석으로
운반되어왔다. 부족한 원자재로 인해 군사적인 충돌이 일
어나는 일 역시 전에 없던 현상은 아니다. 지난 세기 초 산

---

* 기업이 가격을 아주 낮게 책정해 경쟁 기업들을 시장에서 몰아
  낸 뒤 다시 가격을 올려 손실을 회복하려는 가격정책.

업화가 시작될 때 이미 우리는 같은 상황을 겪어내왔던 것이다.

모두를 위한 재활용

각각의 맥락에서 의미가 있는 한, 나는 수리·수선을 지지한다. 그리고 그다음에는 어떤 물건이라도 재활용해야 한다. 물론 지금도 재활용센터 같은 것은 있다. 하지만 머지않은 미래에 몇몇 특정한 것들만이 아니라 모든 물건을 재활용할 수 있게 되어야 할 것이다. 적어도 유럽에서는, 재활용에 관한 한 독일이 가장 앞서 있기는 하다. 하지만 유로스타트Eurostat에 따르면 2010년 한 해 동안 재활용된 폐기물은 지자체 전체에서 나온 쓰레기의 절반밖에 안 된다—유럽 전체 평균은 약 25퍼센트 정도다. 또한 어떤 분야에서는 이런 흐름에 역행하고 있기도 하다. 음료 포장 용기를 순환경제 측면에서 한번 살펴보자. 지난 10년간 독일에서는 일회용 음료 용기 비중이 점점 늘어났는데, 할인점에서 팔리는 수많은 플라스틱병이 그 원인 가운데 하나였다. 게다가 최근에는 재사용 시스템의 생태학적 균형이 이제도를 실행할 때 기대했던 것만큼 성과를 내고 있지 않은 것으로 나타났다.

가령 휴대전화기 제조업체들이 기기를 회수하도록 하는 제도—그러니까 제조업체가 휴대전화기를 부품별로 분해하고, 이 재활용 부품들을 다시 사용하는 소재 순환의 체계—는 아직도 제대로 확립되지 못했다. 전자제품을 생산하는 대기업들이 아직도 이 부분을 책임지지 않고 있는 것이다. 그렇게 하면 에너지 소비가 엄청나게 줄어들 텐데도 말이다. 이 점을 분명히 해야 한다. 낡은 휴대전화기는 물질적 측면에서 보면 신제품과 큰 차이가 없다. 훨씬 큰 차이는 소프트웨어에 있다. 어떤 오래된 전화기도 생산과정에 쓰일 수 있는 것이다. 인구가 밀집한 도시에서 원자재를 획득하는 도시광산업urban mining, 즉 버려진 폐가전 혹은 산업 폐기물을 재활용하는 일에 엄청난 미래가 있을 것으로 예견되는 가운데, 많은 기업들이 원자재를 재활용할 수 있는 새로운 방법을 찾아내려 애쓰고 있다. 여기에는 혁신적인 기술이 요구된다. 지금도 금과 구리를 얻기 위해 천연 원광석을 채굴하고 있는데, 폐가전제품 1톤에는 천연 원광석 몇 톤에서 캐낼 수 있는 것보다 많은 양의 금(최대 수백 그램)과 구리(수백 킬로그램)가 들어 있다.

또 하나 잊어서는 안 될 것이 있다. 폐가전제품들이 종종 유럽에서 남쪽으로 멀리 떨어진 아프리카나 아시아 국가들에까지 버려지고 있다는 사실이다. 그곳에서 아이들은 쓰레기 처리장에 쌓인 쓰레기 더미 위를 돌아다니며 1세대 평판 디스플레이 텔레비전 수상기의 플라스틱 본체에 불을 지른다. 그 안에 있는, 귀금속이 함유된 부품들을 구하기 위해서다. 자신들이 태운 플라스틱이 내뿜는 연기가 폐에 얼마나 유독한지도 모르고 말이다.

우리의 복지는 결국 발명가, 개발자, 기술자, 엔지니어, 제조업자가 만들어내는, 상품화가 가능하고 판매할만한 가치가 있는 새로운 제품들에서 비롯되기 때문에, 에너지 전환은 지금과 같은 산업화 사회에 아주 큰 영향을 미칠 것이다. 이와 함께 리사이클링과 원자재의 재사용 역시 진정한 메가트렌드가 될 것이다. 중요한 것은, 늦지 않게 이 기회를 인지하고 관련 연구와 개발을 서두르는 동시에 지속가능한 경제로 나아가는 시대 전환의 선두를 차지하는 것이다. 원자재와 에너지만이 아니라 지리적 자원 역시 마찬가지다. 2000년 네덜란드의 화학자 파울 크뤼천 Paul Crutzen이 인류가 지구의 시스템에 결정적인 영향을 미치게 되면서 인류 자체가 하나의 지질학적 요소가 되었다는 의미에서 인류세人類世, Anthropocene*라 명명한 현시대, 우리의 새로운 지질시대에, 이것이야말로 현재의 시급한 요구다. 우리는 원자재 낭비에 마침표를 찍어야 한다. 그렇다고 이것이 무조건 포기하고 살아야 함을 의미하는 것은

아니다. 균제均齊의 미덕을 다시 자각하는 계기이며 지구의
재화를 훨씬 더 낫고 정의롭게 분배할 기회이기도 하다.

지역 내에서 사고, 지역 내에서 생산하며,
교환해서 쓰자!

현재 사회 곳곳에서는 세계화에 반대하는 움직임들이 시
작되고 있다. 이를 가볍게 봐서는 안 된다. 물론 세계화의
물결을 완전히 물리칠 수는 없으며, 국제적인 네트워크를
형성하고 국가 간의 교역을 통해 다른 문화를 이해할 수 있
게 되면서 인류가 크게 발전해온 것은 사실이다. 그러나 독
일의 상점에서 단돈 12.5유로에 순면 티셔츠 한 장을 살 수
있다는 것은 부당하고 이상한 일이다. 이것은 공정무역이
아니다. 그러므로 우리는 현재 리페어 카페에서 이루어지
고 있듯, 소재의 순환에 대해 끊임없이 일깨워야 한다.
　　이미 언급한 바 있지만, 지역 내에서 물건을 생산하
는 것은 이에 어울리는 트렌드 가운데 하나다. '지역 내 구

---

* 더 구체적으로는, 인류의 자연환경 파괴로 인해 지구의 환경체
　계가 급격하게 변하게 되면서 지구환경과 맞서 싸우게 된 시대
　를 뜻한다.

매Buy-local' 운동 단체들, 현지의 독립 기업들은 하나의 방향을 제시하고 있다. 환경을 위해, 일자리를 위해, 지역공동체를 위해, 사람들이 직접 영향을 미칠 수 있는 근교에서 이런 활동이 이루어진다면, 지역—더 작은 지방까지도— 이 커다란 전체에 영향을 미칠 수 있다는 것이다. 예를 들어, 지난 몇 년 사이 소규모 브루어리들이 점점 더 늘어나고 있으며, 이 브루어리들은 대기업과는 상관없이 자기만의 독특한 맥주를 빚어내고 있다. 이들은 미국의 본보기를 따라 자신들을 마이크로 브루어리Microbrewery, 독일어로는 미크로 브라우어라이Mikrobrauerei라 일컫는다. 이들의 목표는 식품 산업 분야의 대기업에 맞서 경쟁을 통한 다양성을 보여주는 것이다.

이런 모습은 식품 산업에서 잘 드러나고 있는데, 특히 소농小農들이 직접 재배하고 판매하는 직영점들이 하나둘 생겨나고 있다. 지역 내 생산과 소비를 통해 운송비가 줄어들고 운송 거리가 짧아지면, 건강한 순환경제에 대해 훨씬 더 잘 조망할 수 있게 되고, 지방색 역시 더욱 강화할 수 있다.

물론 이런 경제가 모든 상품에 다 해당되는 것은 아니다. 바나나는 독일에서는 재배되지 않기도 하다. 하지만 하이테크 제품의 경우도 소비가 일어나는 곳에서 생산이 이루어지는 것이 더 합리적일 것이다.

농장 직영 소규모 상점들—대체로 '유기농' 상품으로 홍보하지만, 여기서 이 문제는 예외적으로 다루기로 한다—의 성공 이면에는, 내가 먹을 고기와 채소 그리고 과일을, 값이 더 싸더라도 더는 슈퍼마켓에서 사지 않고 내가 아는 생산자에게서 직접 사겠다는 바람이 담겨 있다. 이 상점들에서 사는 상품들이 어떤 조건과 통제하에서 생산되었는지를 알고 있거나, 안다고 믿고 있는 것이다. 이런 소비를 하다 보면 과거에 여러 차례 경험했던 식품 관련 스캔들은 완전히 근절되지는 못하더라도 천천히 줄어들 것이다. 이런 스캔들이 지역 내 상거래에서 발생하지 않는 까닭은 판매되는 상품의 양이 훨씬 적다는 점도 있지만, 무엇보다 생산자와 소비자 사이에 쌓인 신뢰관계가 더 큰 이유다.

유럽 최대의 육가공업체 헤르타Herta를 설립한 카를 루트비히 슈바이스푸르트Karl Ludwig Schweisfurth는, 식품을 생태학적으로 생산, 가공하고 상품화하기 시작한 선구자다. 언젠가 그가 뮌헨 동쪽 글론 근교 헤르만스도르프에 있는 자신의 농장을 보여준 적이 있다. 그 농장의 돼지들은 자유롭게 이곳저곳을 돌아다니고 있었다. 여름이든 겨울이든 돼지들은 마음 내키는 대로 축사를 드나들었다. 게다가 푸른 초원에는 돼지들만 뒹굴고 있는 것이 아니라 양 같은 다른 동물들도 함께 지내고 있었다. 전혀 새로운 방식의 확장형 사육이었다. 고깃값은 더 비싸지겠지만, 그만큼 가치 있는 일이기도 하다.

자급자족하는 지역의 생산자들은 알고 보면 주변에 많이 있다. 이따금 바이에른의 고지대로 가족 소풍을 갈 때면 우리는 은퇴한 한 선생을 만나곤 한다. 한창때는 농사를 지었다는데, 처음에는 그 이상은 잘 알지 못했다. 그런데 그의 초대로 예정에 없이 그의 작은 농장을 방문했던 어느 날, 나는 좀 달라져야겠다고 생각했다. 그는 나를 기다리고 있었다는 듯 길에 나와 있었다. 12월이었지만 봄날처럼 따뜻한 날씨였기에 그는 그 따사로운 햇살을 즐기고 있는 듯 보였다.

"여기 위에서 보니 풍광이 정말 멋지군요. 그렇죠?"

내가 먼저 인사를 건네자, 한때 농부였다는 그가 고개를 끄덕였다.

"하지만 내가 여기서 그저 경치만 둘러보고 있다고 생각하진 마시오."

"저도 그렇게 여기지는 않았습니다."

"나는 여기서도 모든 걸 직접 다 하고 있소. 아침 6시면 나는 염소 일곱 마리를 더 높은 곳으로 몰고 갑니다. 거기서 하루 두 번 젖을 짭니다. 그러고는 매일 무 한 개를 지하실에서 꺼내 옵니다. 아내와 나는 우리가 먹는 모든 것을 마당에서 직접 키우고 있소. 이게 어디서 온 건지 이제 아시겠지요? 우리는 자급자족하고 있답니다."

그가 자랑스럽게 말했다.

그야말로 완벽한 독립이었다. 시골에서, 또 베를린이나 프랑크푸르트 같은 도시의 옥상 테라스에서 무와 토마토를 키우고, 도시의 공유지에서 가지를 재배하는 것이다. 이런 징후들은 모두 공동체적인 양상이 더 두드러질 뿐, 결국 자급자족경제라는 오랜 전통의 연장선에 있다─발코니에서 채소를 키우는 일이 멋지다고 생각만 하며 안락의자에 기대앉아 잘 팔리는 유행잡지의 최신호나 뒤적거리는 사람들을 제외하면 말이다. 이런 잡지들은 종종 농촌생활에 대해 다루면서도 직접 농사짓고 무언가를 직접 만들고 직접 수리하는 트렌드를 그저 아름답게만 묘사하곤 한다.

과거에는 시에서 임대하는 주말농장을 가꾸는 이들을 대수롭잖게 여겼으나, 그들은 사실 하나의 운동에 참여하고 있는 셈이다. 공동체적인 관점이란, 우리가 직접 오갈수 있는 주변 지역에서 자라는 것들에 주목하는 것이다. 그것이 도시 안에서 일어나든 마을 차원에서 일어나든 상관없이 말이다.

그것은 또한, 어떤 사람은 감자를 키워 샐러드를 만들

고, 두 번째 사람은 감자로 술을 빚고, 세 번째 사람은 함께 심은 사과나무 묘목을 돌보고, 네 번째 사람은 가죽 제품을 수선하고, 다섯 번째 사람은 부러진 철재를 용접하는 생활 방식을 의미한다. 얼핏 낭만적으로 들릴지도 모르겠지만, 이는 오히려 아주 실질적이고 실용적인 생활방식이다. 이런 자급자족경제 속에서는 기나긴 운송 경로를 거칠 필요가 없고, 지역 내에서의 이런 직접적인 생산활동은 결국 새로운 형태의 물물교환경제로 이어질 것이다.

물물교환 시장은 사회적인 연대를 다시 강화하는 데 큰 도움이 될 것이다. 바느질 솜씨가 좋은 사람은 자신의 재능을 오토바이를 수리할 수 있는 사람의 재능과 맞바꿀 수 있다. 독일의 여러 지역에는 소규모 물물교환 동호회들이 조직되어 있는데, 이 동호회들은 때로는 불우이웃돕기로, 때로는 사회계약경제 네트워크로, 재능과 서비스의 교류로, 그리고 자원 교류의 장으로 확대되어 운영된다. 시간과 재능을 토대로 환산한 자기들만의 통화 단위―몇몇 도시에서 이른바 지역화폐라고도 부르는 로젠하임-유로 같은 것들이 있다―를 도입한 경우를 제외하고, 교환은 시간이 그 바탕이 되며, 돈을 기준으로 삼는 교환 행위는 허용되지 않는다. 예를 들어 어느 빵가게에서는 1로젠하임-유로에 하드롤이 든 봉지를 건네주는데, 그 제빵사는 곧 전기

기술자가 와서 고장 난 케이블을 손봐주리라는 것을 알고 있기 때문이다.

지역 내 물물교환 시장들이 하는 일은 바로 이런 일들이다. 그러니까 약속된 테두리 안에서 여러 재능—종종 수리·수선 능력까지 포함해서—을 거래하는 것이다. 한 사람이 망가진 울타리를 손봐주면 다른 사람은 실밥이 터진 잠옷을 감쪽같이 꿰매주는 것이다.

디지털 네트워크를 통해 이웃들에게 어떤 재능이 있는지 알 수 있으므로—심지어 평소에 전혀 예상 못 한 능력들을 갖추고 있기도 한데—물물교환 운동은 인터넷에 큰 도움을 얻고 있다. 한동네에 살면서도 누가 뭘 잘하는지 알기가 쉽지 않은데 말이다. 게다가 이런 일이 없었더라면 전혀 만나지 못했을 이웃들을 알게 되기도 한다. 멀지 않은 곳에 내 지식을 필요로 하는 누군가가 있음을 알려면 동네 마트에 안내문 하나만 붙여도 물론 충분하겠지만, 이런 일을 함께해줄 젊은 친구들에게 알리려면 잘 정리된 독자적인 웹사이트를 만드는 편이 더 유용하다.

상호존중 문화를 내포하고 있는 물물교환 시장은 특별한 능력이 있는 사람들을 한자리에 모아준다. 이들은 육아에 전념하는 전업주부들일 때가 많은데, 바로 그 때문에 물물교환 시장을 조직하게 된다. 전등을 교체하고, 단추를 달고, 의자에 커버를 새로 씌울 줄 아는 이들은 서로 교류하며 자신의 가치를 인정받기도 한다. 더 나이가 든 사람들도 물론 물물교환 시장을 이용하는데, 이들은 젊은이들은 갖지 못한 훌륭한 기술을 갖고 있으며, 이 기술들을 기꺼이 젊은이들에게 전수해줄 수 있기 때문이다. 그것은 수공예나 목공예부터 시티 투어 가이드, 반려견 훈련, 과외 지도까지 몹시 다양하다. 물론 이는 한눈에 전체를 조망할 수 있는 작은 지역 안에서 가능한 모델들이지만, 그럼에도 이 모델들은 우리가 더 의식적으로 소비할 수 있게 해주며, 전 지구적인 변화를 가능하게 할 전제 조건을 마련해준다.

2040년 우리는 어떤 삶을 살고 있을까

2040년, 개인화와 개인의 자율성은 더욱 진전했다. 의사인 딸아이는 반나절만 근무하며, 당연히 리페어 운동, 자급자족 운동의 멤버다. 딸아이가 하는 일 역시 개별화되었다. 현세대의 의사들이 했던 것보다 훨씬 더 많은 환자들에게 개인 맞춤형 진료를 통해 적절한 도움을 주고 있다. 의사들에게는 인체의 자가치유 능력을 목표로 하는 생명공학을 통해 제조된 수많은 바이오 의약품이 준비되어 있으며, 나노 의학이 크게 발달하면서 질병의 원인을 분자 차원에서 분석하고 이에 맞게 치료할 수 있게 되었다.

인구가 점점 늘어나면서 생기는 여러 문제들을 극복하려면 개척자적인 혁신과 수명이 긴 공산품의 생산이 서로 긴밀하게 이루어져야 한다는 생각이 정치·경제 분야의 의사결정권자들 사이에 퍼져나갔다. 2020년대 원자재 부족과 공급의 위기를 겪으면서 전 세계 국가들로 이루어진 국가공동체는 생각을 바꾸게 되었다. 국제연합기구UNO의 지붕 아래 새롭게 맺어진 협정들은 더 빈곤한 지역에 필요한 것들을 우선 고려하자는 것으로 분배의 의미를 재정의했다. 지구의 인구는 평균 75억 명 정도를 유지하며 더는 증가하지 않고 있다.

어느 정도 지속적으로 공급받을 수 있게 된 태양에너지 덕분에 세계 경제는 전체적으로 축소되고 전 지구적으로 균형이 잡혔다. 자연과학과 기술의 진보가 이러한 발전에 긍정적인 토대를 마련해주었다. 강한 압박 속에서도 진화할 수 있는 시스템을 갖추게 되면서 우리 인간은 다시 한번 큰 탈 없이 위기를 벗어났다.

내 손자 아이는 자기만의 작업실을 가지고 있으며, 그곳에서 매일같이 할아버지와 뭔가를 만들고 있다.

아이는 무엇이든 요리조리 들여다보고 분해하고 또 수리한다. 나는 손자와 매주 장을 보러 간다. 우리는 주로 장터로 가지만, 슈퍼마켓에 전시된 식료품들도 상당 부분 그 지역에서 나는 것들이며 대부분이 유기농 식품이다.

새로운 인증 제도 덕분에 기업들은 제품의 내구성에

더욱 신경 쓰고 있으며, 소비자들도 어떤 기기를 살 때는 생태학적 균형을 먼저 고려한다. 산업화된 세계에서 사람들은 오히려 전보다 훨씬 더 적은 것만 필요하다고 느끼며, 구매하는 것보다 실질적인 필요성을 충족시키는 것을 더 중요하게 여긴다. 그때그때 자원의 상황에 따라 제품의 수적 상한선이 정해져 있어서, 타인과의 나눔의 윤리가 큰 역할을 하고 있다.

전자기기를 수리할 수 있는 능력이 곳곳에서 향상되고 있으며, 수많은 중소기업들이 새롭게 생겨났다. 물물교환은 온라인상의 공유경제 붐에서부터 시작되어, 가상이 아닌 실제 세계에서도 전문적으로 발전했다. 온갖 종류의 중고 제품들이 네크워크상에서 전혀 마찰 없이 교환되고 있다.

현실 세계와 가상 세계는 함께 성장하고 있다. 새로운 형태의 제조업들이 우리의 개인적 욕구에 맞추어 해결안을 제시하고 있다. 자동차는 이제 공장에서 대량으로 생산되지 않으며, 의류에서부터 냄비에 이르기까지 소비자 한 명 한 명의 취향에 맞추어 생산된다. 공장들은 아주 유연하게 운영되어, 개별적인 수요에 따라 최소 생산량에 맞추어 제품을 만들어낼 수 있게 되었다. 그 어느 것도 필요 이상 생산되어 곧장 재고 상품이 되는 일은 없다. 많은 공장들에서 마치 수공업자들의 작업과 비슷한 방식으로 제품을 생산하고 있으며, 연구를 통해 신소재와 새로운 공정을 끊임없이 개발하고 있다.

재료의 아주 기본적인 구성 요소에서부터 출발하는 나노 기술을 이용한 생산방식이 점차 정착되고 있다. 나노 기술을 통해 자연에 내재한 자기조직화의 원리를 이용하게 되었으며, 원자 또는 분자 차원의 재활용은 당연한 일이 되었다. 연구개발 분야는 광범위한 사회적 토대 위에 거대한 진보를 이루어냈고, 새로운 지식은 사람들에게 전달되었다. 이제 우리는 자연의 기본적인 연관관계들을 훨씬 더 잘 이해하게 되었다.

수리·수선 능력과 재활용 기술, 그리고 지속가능한 발전은 이제 산업의 중심에 서 있다. 생산과정이 인간과 환경에 미치는 영향, 제품 하나하나의 생태균형성은 컴퓨터 시뮬레이션으로 예측할 수 있게 되었다. 최적화된 디자인들은 생산에 필요한 재료의 양을 급격하게 줄여주었다. 생산 전에 이미 재료 전체가 어떻게 순환하게 될지 최대한 정확하게 살펴본다. 기업이 제품을 생산하기만 할 뿐 수명이 다하면 그냥 내다 버리고 마는 일은 이제 일어나지 않는다. 해당 기업에서 이를 다시 수거하고 수리하고 분해하며, 여기서 다시 새로운 제품, 더 나은 제품을 만들려고 애쓴다.

불필요한 수요 역시 전혀 생기지 않는다. 과거 비정상적인 성장으로 인해 쓰고 버리는 사회로 이어지게 만들었던 규격화와 표준화는 이제 유효하지 않으며—호환되지 않는 충전기 같은 것들을 생각해보라—, 엄선된 전문가 위원회가 이를 책임지고 있다.

이러한 비전을 믿고 유토피아를 건설하려 함께 노력한다면, 우리에겐 아직 변화할 기회가 있으며, 누구나 이 변화에 기여할 수 있다. 프리드리히 휠덜린이 이미 주지했다시피, "위험이 있는 곳에 구원 역시 함께 자라고 있"*기 때문이다. 수리하고 수선하는 일이 주는 행복감을 체험하는 일은, 전 지구적 차원에서 지속가능한 발전을 향해 나아가기 위한 작지만 아주 중요한 한 조각이다. 우리 모두 누구나, 직접 할 수 있는 일이기 때문이다. '리페어 컬처'가 더욱 튼튼하게 자리 잡음으로써, 점점 더 많은 사람들이 이 작은 지구별에서 살만한 가치가 있는 미래를 위해 전력을 다하는 것이 내 큰 바람이다. 이곳은, 이 지구는 전 우주에서 우리에게 주어진 유일한 장소다.

아내 지크리트Sigrid에게 특별히 고마운 마음을 전하

---

* 휠덜린, 〈파트모스Patmos〉에서.

고 싶다. 수차례 원고를 읽고 교정을 봐주었으며, 값진 조언을 통해 이 책을 마무리하는 데 큰 도움을 주었다.

레기나 카르스텐젠Regina Carstensen 여사에게도 감사 인사를 드린다. 그녀는 특히 집필을 시작할 무렵 내 생각을 정리하는 데 큰 도움이 되었다.

○

옮긴이의 말

어렸을 적, 우리 집은 동네 사람들에게 '불란서 집'이라고
불렸다. 마당을 지나 계단 몇 개를 올라가야 거실로 통하
는 현관문이 있는 것이나, 창고 위 옥상에 올라선 후 다시
철계단을 오르면 삼각 지붕 아래로 좁은 테라스가 길게 이
어진 모습이 그 시절 어른들에겐 막연히 프랑스풍으로 보
였던 모양이다. 아무려나, 대문을 들어서면 작은 마당이 있
고, 오른쪽 담장 아래엔 김장독을 묻어두기도 했던 작은 화
단이 있는 집이다. 왼쪽 담장을 따라 옆집 벽과 마주한 모
서리에는 작은 창고와 외부 수도시설이 따로 있는 그 집에
부모님은 아직도 살고 계신다. 몇 년 전 두 분이 사시기 편
하게 리모델링을 하느라 엄마의 그릇들과 각종 잡동사니

가 보관되어 있던 작은 지하실과 다락방과 안방 벽장은 모두 사라지고, 그러는 사이 엄마에겐 커다란 김치냉장고가 두 대나 더 생겼지만.

작은 창고엔 언제나 모래와 시멘트, 페인트, 바니시 같은 것이 보관되어 있었고, 계단참 신발장 한켠에는 아빠가 쓰시는 각종 연장이 들어 있었다.

날이 풀리고 언 땅이 조금씩 녹을 때면, 아빠는 집 곳곳을 손보았다. 담벼락에 살짝 실금이 간 곳을 시멘트로 메운 후 며칠에 걸쳐 페인트칠했고, 담장 위 장식용 창살도 녹슨 곳을 사포로 깨끗이 닦아내고 새로 페인트칠했다.

옥상에서 삼각 지붕 아래 테라스로 올라가는 철계단을 깨끗하게 청소하고 나면 삼각 지붕 벽면에 장식으로 나 있던 기다란 유리창은 내 차지였다. 아크릴 물감을 쓸 줄 알게 된 뒤부터 본격적인 사춘기에 접어들어 더욱 입을 닫기 전까지, 아빠가 집을 수리하는 봄의 며칠 동안 나는 그 긴 유리창에 이런저런 그림을 그리곤 했다.

가끔 전기가 나가면 엄마는 거실장 한쪽 구석에서 커다란 흰 양초들을 꺼내 집 안 곳곳에 불을 밝혔고, 아빠는 손전등을 꺼내 뒷마당 쪽 벽 모서리에 붙은 두꺼비집을 확인했다.

아빠의 연장 가운데는 그렇게 크지 않은 도끼도 하나

있었는데, 일 년에 한 번 여름 장마가 끝날 즈음 사용했다. 장마가 끝나면 우리 가족이 심지 않은 담쟁이넝쿨이 뒤쪽 벽을 타고 무성하게 자랐는데, 동생과 내가 매년 말려도 아빠는 굳이 그 담쟁이들을 도끼로 잘라냈다. 담쟁이 공중 뿌리들이 벽을 상하게 한다는 것이었다. 그 말이 맞는지는 지금도 잘 모르겠지만, 담쟁이가 벽을 상하게 한다는 그 말이 신기하기도 재미있기도 했다.

아빠 손에는 자주 망치와 펜치, 스패너 같은 것이 들려 있었다. 보일러가 고장 나거나, 배수구가 말썽이거나, 가구 어느 한 군데가 말썽이거나 하면 아빠는 수시로 연장통을 열었고, 나와 동생은 크기가 제각각인 못을 들고 있다가 아빠 지시에 따라 하나씩 건네주곤 했다.

초등학교에 입학하기 전에 찍은 사진 속 동생과 나는 대개 엄마가 떠준 스웨터와 바지, 원피스를 입고 있었다. 엄마는 매년 겨울이 오기 전에 새 털실을 샀고, 또 작아진 옷들의 털실을 풀었다. 꼬불꼬불해진 실들에 스팀을 쐬어준 후 다시 동생과 내 손을 빌려 물레처럼 들게 해서 매끈하게 편 뒤 새로 산 실과 함께 엮어 완전히 다른 색깔의 새 스웨터와 카디건, 원피스를 떠주었다. 모자와 장갑, 목도리는 말할 것도 없었다.

대학에 입학하면서 혼자 살게 된 나는 작은 원룸에 미

니 화장대를 만들었다. 주인아저씨가 화단 한쪽에 쌓아둔 벽돌 몇 개를 집어 와 깨끗하게 씻은 후, 받침대를 만들고 동네 유리집에 가서 작은 유리판을 잘라 와 그 위에 얹은 뒤 거울 아래 두니 내 소박한 화장품들을 올려놓고 쓰기에 안성맞춤이었다.

《리페어 컬처》를 읽고 옮기면서, 내가 자란 오래된 집과 집을 돌보던 아빠, 엄마, 어린 우리가 있던 한 시절이 자주 떠올랐다. 얼마 전 엄마 생신이라 오랜만에 집에 내려갔다. 언젠가부터 그곳은 더 이상 '우리 집'이 아니었다. 부모님과 함께 산 시간보다 혼자 산 시간이 더 길어졌고, 리모델링을 한 후로는 더 그랬다. 하지만 나는 엄마에게 묻지 않고도 손톱깎이와 흰 편지봉투를 금세 찾아냈다. 가구들도 바뀌고 위치도 바뀌었지만, 저기 있겠구나 싶은 곳에 그것들은 잘 정리되어 있었다. 순간, 그 집은 다시 '우리 집'이 되었다. 불쑥 어린 시절 집안 풍경이 그대로 눈앞에 나타나는 듯했다.

우리는 분명 계속해서 성장하고 발전하고 있으며 앞으로 나아가고 있다. 하지만 이 책에서 말하듯, 성장 그 자체가 목표일 수는 없으며 그래서도 안 될 것이다. 기술이 발전하고 문명이 발달할수록, 그 뒤에 숨은 그늘 또한 커지고 더 어두워진다. 기후변화로 인해 인간의 힘으로는 감당

할 수 없는 자연재해들이 이어지고, 각종 플라스틱 쓰레기들에 동식물이 죽어가고 있으며, 개인 간, 국가 간의 여러 격차는 점점 더 커지고 있다.

《리페어 컬처》는 무조건 아껴 쓰고 고쳐 쓰자는 과거의 캠페인이 아니다. 이것은 오히려 장기적으로 공유경제로 나아가는 길, '함께' 살아가는 길, 개인 간 지역 간의 네트워킹을 강화하는 일, 이 세계를 좀 더 넓게 바라보는 일까지로도 확장된다. 유한한 자원과 경제 속에서 지속가능한 삶을 고민하는 길에 리페어 컬처가 있다. 단순히 트렌드로서의 뉴트로가 아니라, 진정한 가치소비로서의 복고로의 회귀, 미니멀 라이프, 제로 웨이스트와 친환경 제품 사용 같은 가치들도 당연히 같은 길 위에 있다.

책을 읽고 옮기며 많은 생각을 하는 동안에도 욕실 매입등 하나를 제대로 갈지 못한 채 몇 달이 지났다. 게으르기도 한데다 매입등이라 괜히 더 겁을 먹기도 했다. 오늘은 일단 그 매입등을 열어보기로 한다. 비록 케이스만 열어둔 채 또 얼마간의 시간을 보내더라도 말이다.

옮긴이 조연주
대학과 대학원에서 독어독문학을 전공했다. 편집자로서 오랫동안
책을 만들어왔고, 몇 권의 책을 우리말로 옮겼다. 옮긴 책으로 소설
《아쿠아리움》, 어린이책《색깔의 여왕》《아저씨, 왜 집에서 안 자요?》
《난민 이야기》《플라스틱 얼마나 위험할까?》가 있다.

리페어 컬처
쓰고 버리는 시대, 잃어버린 것들을 회복하는 삶

1판 1쇄 2021년 5월 3일
1판 2쇄 2023년 5월 19일

글쓴이 ○ 볼프강 M. 헤클
옮긴이 ○ 조연주
펴낸이 ○ 조재은
편집 ○ 김원영 김명옥 구희승
디자인 ○ 이기준 육수정
마케팅 ○ 조희정 유현재

펴낸곳 ○ (주)양철북출판사
등록 ○ 2001년 11월 21일 제25100-2002-380호
주소 ○ 서울시 영등포구 양산로 91 리드원센터 1303호
전화 ○ 02-335-6407
팩스 ○ 0505-335-6408
전자우편 ○ tindrum@tindrum.co.kr

ISBN 978-89-6372-352-5   03300
값 15,000원